완전기초

혼자 배우는
일본어 플러스⁺

정재헌 지음

정진출판사

이 책의 구성과 특징

일본어는 우리말과 문법구조가 비슷하고, 한자로 된 낱말이 많기 때문에 배우기 쉽다고 할 수 있습니다. 그러나 한자를 어느 정도 알고 있다고 해서 안일한 태도로 일본어에 접근해서는 안 됩니다. 처음부터 차근차근히 익혀서 일본어의 독특한 분위기에 젖어드는 습관이 필요합니다.

이 책은 초보자들이 혼자서 쉽게 배울 수 있도록 문자·어구·어법·문장 등을 일상생활 및 일반 화제에서 뽑아 그 난이도를 점진적으로 전개하였습니다. 각 단원별 특징을 잘 살려 공부해 주기 바랍니다.

✓ 중요문형

그 과의 가장 핵심적이면서 기본적인 문장만을 뽑아 놓았습니다. 이 문형만 철저히 익혀도 많은 문장을 활용할 수 있습니다.

✓ 본문

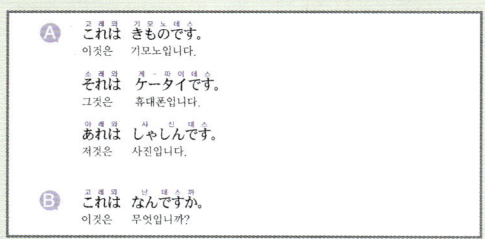

중요문형을 충분히 이해하고 응용할 수 있도록 대화 위주의 다양한 문장을 제시해 놓았습니다.

✓ 문형연습

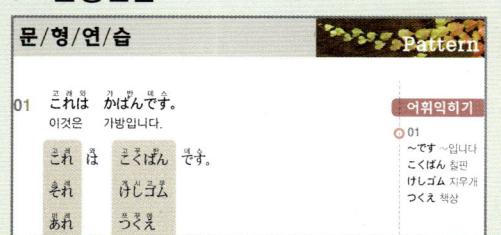

본문에서 다루지 못한 어휘력을 보강하고, 기본 구문을 반복 연습함으로써, 일본어의 표현력을 향상시킬 수 있도록 하였습니다.

✓ 문법교실

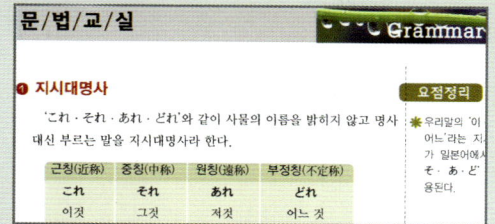

반드시 알아두어야 할 기본적인 문법 사항 등을 충분한 예문 제시와 함께 설명하였습니다.

✓ 한걸음 더

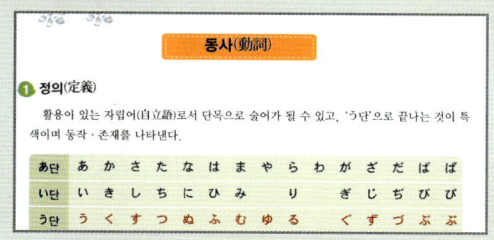

일본어에서 가장 중요하고 까다로운 문법 사항을 별도로 자세하게 정리해 놓음으로써, 일본어 이해에 많은 도움이 되도록 하였습니다.

✓ 회화

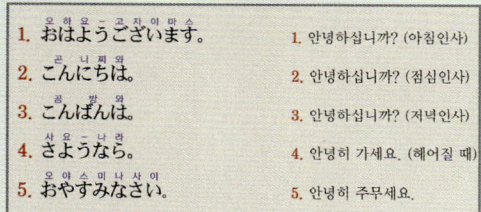

일상생활을 통해 흔히 주고받는 내용의 대화를 수록해 놓음으로써, 기본적인 회화 능력을 기르도록 하였습니다.

✓ 연습문제

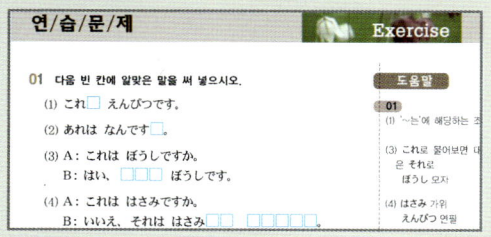

그 과에서 배운 내용을 다시 한번 복습하고 응용할 수 있도록 다양한 문제로 꾸몄습니다.

[한 가지 학습자 여러분께 당부드리고 싶은 말은 이 책에 한글로 병기된 발음은 단지 참고로만 활용하시고, 정확한 발음은 홈페이지에 녹음된 일본 현지인의 발음을 따라하면서 습득하시기 바랍니다.]

모름지기 언어 공부는 튼튼한 기초 지식 위에서만 알찬 열매를 맺을 수 있습니다. 이 교본이 살아 있는 일본어 학습은 물론, 여러분의 자학자습(自学自習)에 많은 도움이 되었으면 하는 마음 간절합니다.

著者 씀

목차

문자와 발음

01 일본어의 글자 ———————————————————— 8
　❶ 히라가나(ひらがな)와 가타카나(カタカナ)
　❷ 한자(漢字)

02 오십음도(五十音図) ———————————————— 9

03 발음과 표기법 ————————————————— 10
　❶ 모음(母音)
　❷ 반모음(半母音)
　❸ 자음(子音)
　발음 연습 : 청음/탁음/반탁음/요음/발음/촉음/장음

본문(Text)

01 はじめまして。 ————————————————— 20
　「처음 뵙겠습니다」
　인사/자기 소개/타인 소개/わたし/～は ～です

02 これは なんですか。 —————————————— 26
　「이것은 무엇입니까」
　지시대명사/명사+です/いいえ、～では ありません/긍정문・의문문・부정문/조사 の의 용법

03 ここに しんぶんが あります。 ————————— 32
　「여기에 신문이 있습니다」
　장소의 지시대명사/あります・います/何が・何か/명사+や+명사+や+명사+など+が あります, 명사+と+명사+と+명사+が あります

04 わたしの かぞくの しゃしんです。 ─────── 41
「내 가족의 사진입니다」

수사/조수사/기본 숫자 읽는 법/いくつ・いくら/가족의 호칭/숫자・조수사

05 きょうは なん月 なん日ですか。 ─────── 51
「오늘은 몇 월 며칠입니까?」

날짜・달・연도・요일 읽는 법/때를 나타내는 단어/계절을 나타내는 단어/～でした

06 なん時に 起きますか。 ─────── 60
「몇 시에 일어납니까?」

조사 に의 여러 가지 용법/～から …まで/ごろ와 ぐらい의 차이/時와 分 읽는 법/
조사 へ/何의 발음/동사

07 おたんじょうび おめでとうございます。 ─────── 76
「생일 축하합니다」

존경을 나타내는 お, ご/ので/けど/どうぞ

08 きのうは すこし 寒かったです。 ─────── 84
「어제는 조금 추웠습니다」

い형용사

09 あなたは 何が 好きですか。 ─────── 95
「당신은 무엇을 좋아합니까?」

～が 好きだ/～と 思う/な형용사

10 新聞を 読んで います。 ─────── 107
「신문을 읽고 있습니다」

～た ことが あります/～て いる/동사의 음편

목차

11　何に　しましょうか。 ──────────────── 118
「뭘로 할까요?」
いくら/〜を ください/〜て ください/〜や 〜や 〜などが あります/격조사 で

12　まどが　あいて　います。 ──────────────── 128
「창문이 열려 있습니다」
자동사와 타동사/자동사와 타동사의 구별 방법/〜て いる와 〜て ある

13　電話 ──────────────────────────── 138
「전화」
もしもし/〜ましょう, 〜ましょうか/いらっしゃる/しだい/お+동사의 ます형+ください/
お+동사의 ます형+する/お+동사의 ます형+になる

14　韓国のドラマも　見ることが　できる。 ─────── 148
「한국 드라마도 볼 수 있다」
가능표현/가능동사/조사 しか/조사 ながら/〜って

15　道案内 ─────────────────────────── 158
「길 안내」
〜て ください/조사 に의 특별한 해석/동사의 기본형+と/동사의 た형+ほうが いいです

16　体の　具合が　よくない。 ─────────────── 167
「컨디션이 좋지 않다」
〜ても いいです/〜なければ ならない, 〜ないと いけない, 〜なくては だめだ/
〜ては いけません

17　旅行に　行きたいです。 ──────────────── 176
「여행을 가고 싶습니다」
조동사 たい・たがる/접속조사 ても・でも/조사 ば/なら/たら/〜たり 〜たり する

18 訪問 — 185
「방문」
경어의 종류/경어의 표현 분류표/존경어 표현법/겸양어 표현법/존경어의 명령 표현

19 何を しようと 思って いますか。 — 195
「무엇을 하려고 생각하고 있습니까?」
つもり/동사의 의지형(よう형)

20 おくりものを もらいました。 — 203
「선물을 받았습니다」
やる・あげる・くれる・もらう/〜て やる, 〜て くれる, 〜て もらう/あげる・さしあげる・くださる・いただく

21 選手に 練習を させます。 — 211
「선수에게 연습을 시킵니다」
조동사 せる・させる/〜なさい

22 きょうは 雨が ふりそうです。 — 219
「오늘은 비가 올 것 같습니다」
조동사 そうだ

23 お母さんに 叱られました。 — 229
「엄마에게 야단맞았습니다」
조동사 れる・られる

24 小さな ねじ — 237
「작은 나사」
〜て しまう/〜ては いけない, 〜ては だめだ, 〜ては ならない/どんなに 〜でも/조동사 ようだ

■ 부록 일본어 쓰기 교본

문자와 발음

01 일본어의 글자

❶ 히라가나(ひらがな)와 가타카나(カタカナ)

일본의 고유문자로는 히라가나(ひらがな)와 가타카나(カタカナ)가 있다. ひらがな는 한자의 초서체(草書体)를 본떠서 간단하고 부드럽게 만든 문자이고, カタカナ는 한자의 자획 일부분을 따거나 한자의 획을 간단히 해서 만든 문자이다.

ひらがな는 처음에는 주로 여자들이 사용했으므로 여자 글자라 했는데, 현대 일본어에서는 인쇄·필기의 모든 경우에 사용되는 기본 문자이다.

カタカナ는 남자들이 한문을 배울 때, 한자 옆에 토를 달기 위해 일종의 속기호(速記号)로 사용하던 것으로, 현대 일본어에서는 ひらがな보다 사용 범위가 좁고, 주로 다음의 경우에 쓰인다.

1. 외래어(外来語)
2. 외국의 인명·지명, 기타 고유명사
3. 의성어·의태어도 때로는 **カタカナ**로 표기
4. 동식물명
5. 전보문
6. 어떤 감정을 강조할 때

❷ 한자(漢字)

우리 나라에서 한자와 한글을 혼용하여 쓰고 있듯이, 일본에서도 한자와 일본어인 가나(かな)를 함께 쓰고 있다. 한자를 읽을 때에는 우리말처럼 음으로만 읽지 않고, 음독(音読) 또는 훈독(訓読) 또는 음과 훈을 섞어서 읽는다. 음독은 한자를 일본어화한 음으로 읽는 방법이고, 훈독은 한자의 뜻으로 새겨서 읽는 방법이다. 예를 들면, '江'이라는 한자는 우리말로는 '강'이라고밖에 읽을 수 없지만, 일본어에서는 음독으로는 'こう(고우)', 훈독으로는 'え(에)'라고 읽는다.

02 오십음도(五十音図)

'ひらがな'와 'カタカナ'를 합하여 '가나(かな)'라 부르고, 이것을 발음 체계에 따라 5단(段), 10행(行)으로 배열한 것을 '오십음도(五十音図)'라 한다.

ひらがな(히라가나)

	あ단	い단	う단	え단	お단
あ행	あ a	い i	う u	え e	お o
か행	か ka	き ki	く ku	け ke	こ ko
さ행	さ sa	し shi	す su	せ se	そ so
た행	た ta	ち chi	つ tsu	て te	と to
な행	な na	に ni	ぬ nu	ね ne	の no
は행	は ha	ひ hi	ふ hu	へ he	ほ ho
ま행	ま ma	み mi	む mu	め me	も mo
や행	や ya		ゆ yu		よ yo
ら행	ら ra	り ri	る ru	れ re	ろ ro
わ행	わ wa				を o
	ん n				

カタカナ(가타카나)

	ア단	イ단	ウ단	エ단	オ단
ア행	ア a	イ i	ウ u	エ e	オ o
カ행	カ ka	キ ki	ク ku	ケ ke	コ ko
サ행	サ sa	シ shi	ス su	セ se	ソ so
タ행	タ ta	チ chi	ツ tsu	テ te	ト to
ナ행	ナ na	ニ ni	ヌ nu	ネ ne	ノ no
ハ행	ハ ha	ヒ hi	フ hu	ヘ he	ホ ho
マ행	マ ma	ミ mi	ム mu	メ me	モ mo
ヤ행	ヤ ya		ユ yu		ヨ yo
ラ행	ラ ra	リ ri	ル ru	レ re	ロ ro
ワ행	ワ w				ヲ o
	ン n				

▶ 본문 학습을 시작하기 전, 먼저 이 책 뒤에 수록된 부록 '일본어 쓰기 교본'에서 일본어 글자부터 철저히 익히기 바랍니다.

03 발음과 표기법

일본어인 '가나(かな)'는 모음과 반모음, 그리고 자음으로 이루어져 있다. 이 세 가지를 다시 발음상으로 구분하면, 청음(淸音) · 탁음(濁音) · 반탁음(半濁音) · 요음(拗音) · 발음(撥音) · 촉음(促音) · 장음(長音) 등 7가지로 나눌 수 있다.

❶ 모음(母音 ; ぼいん)
　일본어의 모음은 'あ·い·う·え·お'의 다섯 글자로, 발음은 우리말의 '아·이·우·에·오'와 같다.

❷ 반모음(半母音 ; はんぼいん)
　반모음은 'や·ゆ·よ·わ' 네 글자뿐이다. 발음은 우리말 '야·유·요·와'와 같다.

❸ 자음(子音 ; しいん)
　자음은 50음 중에서 모음과 반모음을 뺀 나머지이다. 일본어에서 자음은 독립되어 쓰이지 않고, 언제나 모음 앞에서 모음과 합하여 소리가 난다. 즉, '자음+모음'의 형태로 쓰인다.

발음 연습

▶ **청음**(淸音 : せいおん)

あ행

[ひらがな]
아	이	우	에	오
あ	い	う	え	お
a	i	u	e	o

[カタカナ]
아	이	우	에	오
ア	イ	ウ	エ	オ
a	i	u	e	o

아 끼
あき 가을

우 찌
うち 집

오 또
おと 소리

이 누
いぬ 개

에 끼
えき 역

か행

가	기	구	게	고	가	기	구	게	고
か	き	く	け	こ	カ	キ	ク	ケ	コ
ka	ki	ku	ke	ko	ka	ki	ku	ke	ko

가 끼
かき 감

기 노 —
きのう 어제

구 마
くま 곰

계 무 리
けむり 연기

고 마
こま 팽이

'か・き・く・け・こ'는 우리말의 '가・기・구・게・고'와 발음이 비슷하지만, 'ㄱ'과 영어의 'k' 발음의 중간음이라 할 수 있다. 이 다섯 글자가 단어의 중간이나 끝에 붙을 때에는 'ㄲ', 즉 '까・끼・꾸・께・꼬'로 발음되는 데 주의한다.

오 까
おか 언덕

이 께
いけ 연못

さ행

사	시	스	세	소	사	시	스	세	소
さ	し	す	せ	そ	サ	シ	ス	セ	ソ
sa	shi	su	se	so	sa	shi	su	se	so

사 바 꾸
さばく 사막

시 마
しま 섬

스 시
すし 초밥

세 끼
せき 좌석

소 라
そら 하늘

'す'는 단어에 따라 '수'로도 발음이 될 수 있으나, 실제로는 '스'에 가깝게 발음된다.

た행

다 끼
たき 폭포

찌 리
ちり 먼지

쯔 미
つみ 죄

데 쯔
てつ 철

도 께 이
とけい 시계

'た·て·と'는 'か·き·く·け·こ'와 마찬가지로, 단어의 첫머리에 올 때에는 우리말의 '다·데·도'와 비슷하나, 단어의 중간이나 끝에 올 때에는 '따·떼·또'로 발음된다. 'ち'와 'つ'는 우리말의 발음으로는 정확하게 나오는 음이 없다. 'ち'는 우리말의 '찌'와 '치'의 중간음에 가깝다고 볼 수 있고, 'つ'는 '쯔'와 '츠', 즉 영어의 'ts'와 같다고 볼 수 있다. 이 책에서는 편의상 우리말 토를 'ち'는 '찌', 'つ'는 '쯔'로 표기했다.

な행

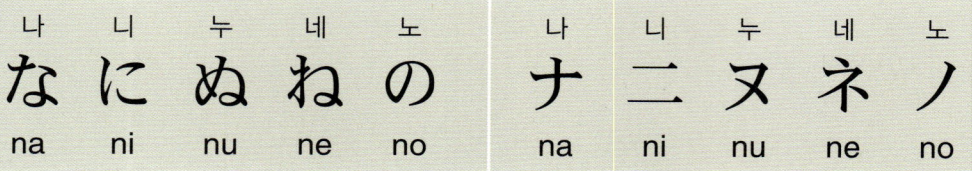

나 쯔
なつ 여름

니 꾸
にく 고기

누 마
ぬま 늪

네 꼬
ねこ 고양이

노 하 라
のはら 들판

は행

하	히	후	헤	호	하	히	후	헤	호
は	ひ	ふ	へ	ほ	ハ	ヒ	フ	ヘ	ホ
ha	hi	hu	he	ho	ha	hi	hu	he	ho

^{하시}
はし 다리

^{히토}
ひと 사람

^{후네}
ふね 배(船)

^{헤야}
へや 방

^{호시}
ほし 별

ま행

마	미	무	메	모
ま	み	む	め	も
ma	mi	mu	me	mo

마	미	무	메	모
マ	ミ	ム	メ	モ
ma	mi	mu	me	mo

^{마찌}
まち 거리

^{미깡}
みかん 귤

^{무스메}
むすめ 딸

^{메가네}
めがね 안경

^{모미지}
もみじ 단풍

や행

야	유	요
や	ゆ	よ
ya	yu	yo

야	유	요
ヤ	ユ	ヨ
ya	yu	yo

^{야마}
やま 산

^{유메}
ゆめ 꿈

^{요루}
よる 밤(夜)

ら행

라	리	루	레	로
ら	り	る	れ	ろ
ra	ri	ru	re	ro

라	리	루	레	로
ラ	リ	ル	レ	ロ
ra	ri	ru	re	ro

^{라이넹}
らいねん 내년

^{링고}
りんご 사과

^{루스}
るす 부재중

^{레끼시}
れきし 역사

^{로-소꾸}
ろうそく 양초

わ행

와	오	와	오
わ	を	ワ	ヲ
wa	o	wa	o

와따시　　　　　　　　　　　　와까이
わたし 나　　　　　　　　　わかい 젊다

'を'는 'お'와 발음이 같으며 조사로만 쓰인다.

▶ **탁음**(濁音 ; だくおん^{다꾸옹})

일본어의 탁음이란 청음의 'か·さ·た·は'행의 글자 오른쪽 윗부분에 탁음 부호(゛)가 찍힌 글자의 발음을 말한다.

が행

가	기	구	게	고	가	기	구	게	고
が	ぎ	ぐ	げ	ご	ガ	ギ	グ	ゲ	ゴ
ga	gi	gu	ge	go	ga	gi	gu	ge	go

가꾸몽　　　　　　　　　　기무
がくもん 학문　　　　　　ぎむ 의무

구아이　　　　　　　　　　게따
ぐあい 형편　　　　　　　げた 나막신

고고
ごご 오후

'が·ぎ·ぐ·げ·ご'는 우리말로는 정확하게 표현할 수 없는 음이다. 영어의 'g'음과 같이 발음하면 된다. 이 책에서는 편의상 '가·기·구·게·고'로 표기했다.

ざ행

자	지	즈	제	조	자	지	즈	제	조
ざ	じ	ず	ぜ	ぞ	ザ	ジ	ズ	ゼ	ゾ
za	ji	zu	ze	zo	za	ji	zu	ze	zo

자 루
ざる 소쿠리　　　지 깡
じかん 시간　　　즈 이 붕
ずいぶん 대단히

제 이 낑
ぜいきん 세금　　　조 —
ぞう 코끼리

'ざ·じ·ず·ぜ·ぞ' 역시 우리말로는 정확하게 표현할 수 없는 음이다. 영어의 'z'음과 같이 발음하면 된다. 이 책에서는 편의상 '자·지·즈·제·조'로 표기했다.

だ행

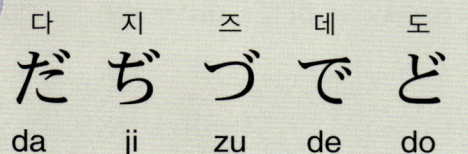

다	지	즈	데	도	다	지	즈	데	도
だ	ぢ	づ	で	ど	ダ	ヂ	ヅ	デ	ド
da	ji	zu	de	do	da	ji	zu	de	do

다 이 가꾸
だいがく 대학　　　찌 지 무
ちぢむ 줄어들다

쯔 즈 미
つづみ 장구　　　뎅 와
でんわ 전화

고 도 모
こども 아이

'だ·ぢ·づ·で·ど'에서 'だ·で·ど'는 영어의 'd'음과 같고, 'ぢ·づ'는 ざ행의 'じ·ず'와 같이 발음한다.

ば행

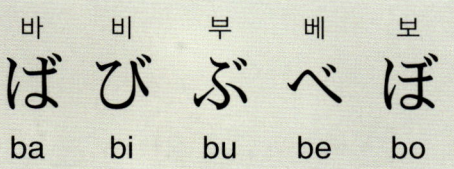

바	비	부	베	보	바	비	부	베	보
ば	び	ぶ	べ	ぼ	バ	ビ	ブ	ベ	ボ
ba	bi	bu	be	bo	ba	bi	bu	be	bo

바꾸 당
ばくだん 폭탄　　　빙
びん 병　　　부 따
ぶた 돼지

벤 또 —
べんとう 도시락　　　보 — 시
ぼうし 모자

우리말의 '바·비·부·베·보'와 같이 발음한다.

▶반탁음(半濁音 ; はんだくおん)

청음의 다섯 자 'は・ひ・ふ・へ・ほ' 글자의 오른쪽 위에 반탁음 부호(°)가 찍힌 글자의 음을 말한다.

ぱ행

パン 빵   ぴかぴか 번쩍번쩍   プール 수영장

ペン 펜   ぽかぽか 따끈따끈   ピンポン 탁구

'ぱ'행이 단어의 첫머리에 오면 영어의 'p'음과 비슷하나, 단어의 중간이나 끝에 붙을 때는 'ㅃ' 즉, '빠·삐·뿌·뻬·뽀'와 비슷하게 발음된다. 단, 의성어나 의태어로 쓰일 때는 단어의 첫머리에 와도 대부분 'ㅃ'으로 발음되는 데 주의한다.

▶요음(拗音 ; ようおん)

요음이란 'き・ぎ・し・じ・ち・に・ひ・び・み・り・ぴ' 글자의 오른쪽 밑에 반모음 'や・ゆ・よ'가 작은 글자로 붙어서 **한 박자(拍)의 길이**로 발음되는 복합음을 말한다.

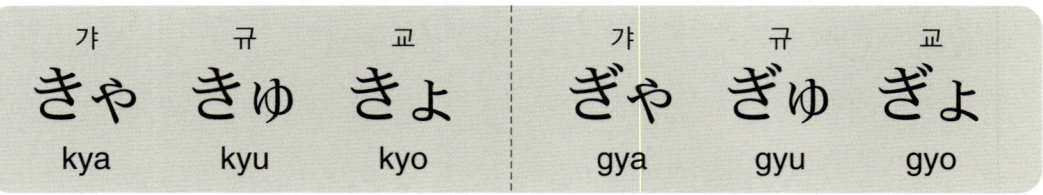

きゃく 손님   きゅうよう 휴양   きょねん 작년

じゅぎょう 수업   ぎゅうにゅう 우유   にゅうぎゅう 젖소

| 샤 しゃ sya | 슈 しゅ syu | 쇼 しょ syo | 쟈 じゃ zya | 쥬 じゅ zyu | 죠 じょ zyo |

샤 싱 しゃしん 사진　슈 징 しゅじん 주인　쇼 뗑 しょてん 서점

| 쨔 ちゃ cha | 쮸 ちゅ chu | 쬬 ちょ cho |

오 쨔 おちゃ 차　쮸 ― 고 꾸 ちゅうごく 중국　쬬 ― ちょう 나비

| 햐 ひゃ hya | 휴 ひゅ hyu | 효 ひょ hyo | 뱌 びゃ bya | 뷰 びゅ byu | 뵤 びょ byo |

햐 꾸 ひゃく 백(百)　도 효 ― どひょう 씨름판　뵤 ― 잉 びょういん 병원

| 냐 にゃ nya | 뉴 にゅ nyu | 뇨 にょ nyo | 먀 みゃ mya | 뮤 みゅ myu | 묘 みょ myo |

곤 냐 꾸 こんにゃく 곤약　유 뉴 ― ゆにゅう 수입　뇨 ― 보 ― にょうぼう 마누라

먀 꾸 하 꾸 みゃくはく 맥박　뮤 ― 지 카 루 ミュージカル 뮤지컬　쥬 묘 ― じゅみょう 수명

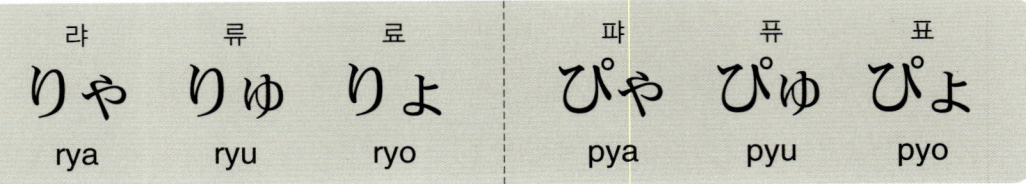

^{랴꾸즈}
りゃくず 약도

^{류-꼬-}
りゅうこう 유행

^{료꼬-}
りょこう 여행

^{합빠꾸}
はっぴゃく 8백

^{곰퓨-따-}
コンピューター 컴퓨터

▶ 발음(撥音; ^{하쯔옹}はつおん)

발음 'ん'은 콧소리로서, 다른 글자 밑에서 받침으로 쓰이나 우리말의 받침과는 달리 **한 박자의 길이**를 갖는다. 'ん'은 그 다음에 이어지는 글자에 따라서 우리말의 받침 'ㄴ·ㅁ·ㅇ'과 비슷하게 발음된다.

(1) 'ん'이 'ㄴ(n)'으로 발음되는 경우

'さ·ざ·た·だ·な·ら'행의 글자 앞에 올 때에는 'ㄴ(n)'으로 발음한다.

^{온나}
おんな 여자

^{간지}
かんじ 한자

(2) 'ん'이 'ㅁ(m)'으로 발음되는 경우

'ま·ば·ぱ'행의 글자 앞에 올 때에는 'ㅁ(m)'으로 발음한다.

^{심붕}
しんぶん 신문

^{돔보}
とんぼ 잠자리

(3) 'ん'이 'ㅇ(ŋ)'으로 발음되는 경우

① 'か·が'행의 글자 앞에 올 때에는 'ㅇ(ŋ)'으로 발음한다.

^{망가}
まんが 만화

^{링고}
りんご 사과

② 'あ·は·や·わ'행의 글자 앞이나 단어 끝에 올 때에는 'ŋ(우리말 [ㄴ]과 [ㅇ]의 중간 발음)'으로 발음한다.

^{뎅와}
でんわ 전화

^{스미마셍}
すみません 미안합니다

▶**촉음**(促音 ; そくおん)
　　　　　　　소꾸옹

'っ'를 작은 글자로 써서 표시하며 우리말의 받침과 같이 사용된다. 이 촉음 역시 그 다음에 오는 글자에 따라서 발음이 달라진다.

> (1) 'か'행 앞에 오면 'ㄱ(k)' 받침으로 발음한다.
> (2) 'さ'행 앞에 오면 'ㅅ(s)' 받침으로 발음한다.
> (3) 'た'행 앞에 오면 'ㄷ(t)' 받침으로 발음한다. (이 책에서는 편의상 'ㅅ'으로 표기함)
> (4) 'ぱ'행 앞에 오면 'ㅂ(p)' 받침으로 발음한다.

　　각 꼬 ―　　　　　　　잣 시
がっこう 학교　　　　ざっし 잡지

　　깃 떼　　　　　　　　깁 뿌
きって 우표　　　　　きっぷ 표

▶**장음**(長音 ; ちょうおん)
　　　　　　　 쬬 ― 옹

한 음절분의 길이를 가지고 길게 발음하는 것을 장음이라고 한다.

> (1) 'あ'단의 글자 다음에 'あ'가 올 때
> (2) 'い'단의 글자 다음에 'い'가 올 때
> (3) 'う'단의 글자 다음에 'う'가 올 때
> (4) 'え'단의 글자 다음에 'え' 또는 'い'가 올 때
> (5) 'お'단의 글자 다음에 'お' 또는 'う'가 올 때

　오 까 ― 상　　　　　오 니 ― 상　　　　　구 ― 끼
おかあさん 어머니　おにいさん 형님　くうき 공기

　센 세 ―　　　　　도 ― 이　　　　　　오 또 ― 상
せんせい 선생님　　とおい 멀다　　　おとうさん 아버지

가타카나로 쓸 때, 즉 '외래어·의성어·외국인 인명·동식물명'의 장음 표시는 'ー'로 한다.

　세 ― 따 ―　　　　　　고 ― 히 ―
セーター 스웨터　　　コーヒー 커피

01 はじめまして。

중요문형

1. **はじめまして。** (하지메마시떼)
   처음 뵙겠습니다.

2. **どうぞ よろしく お願いします。** (도ー조 요로시꾸 오네가이시마스)
   (부디) 잘 부탁드립니다.

3. **こちらこそ よろしく。** (고찌라꼬소 요로시꾸)
   저야말로 잘 부탁합니다.

A **はじめまして。** (하지메마시떼)
처음 뵙겠습니다.

わたしは たなかです。 (와따시와 다나까데스)
저는   다나카입니다.

どうぞ よろしく。 (도ー조 요로시꾸)
잘   부탁합니다.

B **はじめまして。** (하지메마시떼)
처음 뵙겠습니다.

わたしは チョンキスと もうします。 会社員です。 (와따시와 정기수또 모ー시마스 가이샤잉데스)
저는   정기수라고 합니다.   회사원입니다.

| 한자읽기 | 願い (ねがい) | 会社員 (かいしゃいん) |

01. はじめまして。

C

<ruby>はじめまして<rt>하지메마시떼</rt></ruby>。 <ruby>はなこです<rt>하나꼬데스</rt></ruby>。
처음 뵙겠습니다. 하나코입니다.

<ruby>こちらこそ<rt>고찌라꼬소</rt></ruby>、<ruby>よろしく<rt>요로시꾸</rt></ruby>。
저야말로   잘 부탁드립니다.

D

<ruby>鄭<rt>정</rt></ruby>さん、<ruby>こんにちは<rt>곤니찌와</rt></ruby>。
정씨,   안녕하세요.

<ruby>こんにちは<rt>곤니찌와</rt></ruby>。
안녕하세요.

<ruby>たなかさん<rt>다나까상</rt></ruby>、<ruby>こちらは<rt>고찌라와</rt></ruby> <ruby>はなこさんです<rt>하나꼬 상 데스</rt></ruby>。
다나카 씨, 이쪽은   하나코 씨입니다.

<ruby>はじめまして<rt>하지메마시떼</rt></ruby>。
처음 뵙겠습니다.

<ruby>はなこです<rt>하나꼬데스</rt></ruby>。<ruby>大学生です<rt>다이각세-데스</rt></ruby>。
하나코입니다.   대학생입니다.

<ruby>よろしく<rt>요로시꾸</rt></ruby> <ruby>おねがいします<rt>오네가이시마스</rt></ruby>。
잘   부탁드립니다.

<ruby>こちらこそ<rt>고찌라꼬소</rt></ruby> <ruby>よろしく<rt>요로시꾸</rt></ruby>。
저야말로   잘 부탁드립니다.

한자읽기	<ruby>大学生<rt>だいがくせい</rt></ruby>

문/형/연/습

01 はじめまして。たなかです。
   처음 뵙겠습니다. 다나카입니다.

   はじめまして。金です。
   はじめまして。たむら です。

02 よろしく おねがいします。
   잘 부탁드립니다.

   どうぞ よろしく。
   どうぞ よろしく おねがいします。

03 こちらこそ よろしく。
   저야말로 잘 부탁드립니다.

   こちらこそ よろしく おねがいします。

04 せんせい、おはようございます。
   선생님, 안녕하세요.

   たなかさん、こんにちは。
   こんばんは。
   さようなら。

어휘익히기

01 はじめまして。
   처음 뵙겠습니다.

02 どうぞ 아무쪼록, 제발

03 こちらこそ 저야말로

04 おはようございます。 아침인사
   こんにちは。 점심인사
   こんばんは。 저녁인사
   さようなら。 작별인사

풀이 01. 처음 뵙겠습니다. [김/다무라]입니다. 02. [잘 부탁합니다/잘 부탁드립니다]. 03. [저야말로 잘 부탁드립니다.] 04. 다나카 씨, [안녕하세요/안녕하세요/안녕히 계십시오].

문/법/교/실

❶ 인사

아침인사	おはようございます。 안녕하세요.
점심인사	こんにちは。 안녕하세요.
저녁인사	こんばんは。 안녕하세요.
작별인사	さようなら。 안녕히 가세요.
	では、また。 그럼 또.
	じゃあ、ね。 잘 가.

요점정리

✱ 'は'는 조사로 사용되는 경우에는 우리말의 '와'로 읽는다. 쓸 때 'わ[wa]'로 쓰지 않도록 주의한다.
これは(○) これわ(×)

❷ 자기 소개

일본은 우리 나라와는 달리 자기 소개를 할 때 일반적으로 자신의 성만을 말한다.

はじめまして、たなかです。よろしく おねがいします。
처음 뵙겠습니다. 다나카입니다. 잘 부탁드립니다.

✱ 'よろしく おねがいします'는 '(앞으로 여러모로) 잘 부탁합니다'라는 뜻으로, 일본인들이 처음 만난 사람에게 의례적으로 하는 인사말이다.

❸ 타인 소개

타인을 소개할 때는 상대방 이름 뒤에 'さん'을 붙여 소개한다.

たなかさん、こちらは はなこさんです。
다나카 씨, 이분은 하나코 씨입니다.

❹ わたし 나, 저

'わたし'는 1인칭 대명사로 '나, 저'의 뜻이다. 격식을 차리거나 정중하게 표현하고자 할 때는 'わたくし'라고도 한다. 2인칭 대명사에는 'あなた(당신)'가 있는데, 이 말은 실생활에서 잘 사용하지 않기 때문에 상대방을 부를 때 이름을 부르는 것이 무난하다.

わたしは たなかです。
저는 다나카입니다.

문/법/교/실

❺ 문의 구조

(1) 소개(타인)

こちら は + ～さんです。
이분　은　　　～씨입니다.

こちらは よしださんです。 이분은 요시다 씨입니다.

(2) 소개(본인)

～は + ～です。
～은/는　　～입니다.

わたしは たなかです。 저는 다나카입니다.

더 정중하게 표현할 때는 '～です' 대신 '～と もうします'라는 표현을 사용한다.

わたしは たなかと もうします。 저는 다나카라고 합니다.

요점정리

✱ '～です'는 '～だ(～이다)'의 공손한 말로서 우리말의 '～입니다'에 해당된다.

회화

A : はじめまして。
　　(하지메마시떼)
　　私は 鄭と もうします。
　　(와따시와 정 또 모-시마스)
　　どうぞ よろしく。
　　(도-조 요로시꾸)

B : いいえ、こちらこそ。
　　(이-에 고찌라꼬소)

A : 처음 뵙겠습니다.
　　나는 정이라고 합니다.
　　잘 부탁합니다.

B : 아니요, 저야말로.

연/습/문/제 Exercise

01 밑줄 친 'は'의 발음이 <u>다른</u> 하나는?

① こんにち<u>は</u>。
② こんばん<u>は</u>。
③ わたし<u>は</u> たなかです。
④ こちら<u>は</u> キムです。
⑤ お<u>は</u>ようございます。

도움말

01
'は'가 조사로 쓰일 때에는 '와'로 발음한다.

02 다음 중 사람을 만났을 때 하는 인사말이 <u>아닌</u> 것은?

① はじめまして。
② おはようございます。
③ さようなら。
④ こんにちは。
⑤ こんばんは。

02
① はじめまして。
 처음 뵙겠습니다.
③ さようなら。
 안녕히 계세요.

03 다음 빈 칸에 넣을 수 <u>없는</u> 말은?

わたしは _____ です。

① たなか
② かんこくじん
③ かいしゃいん
④ よしださん
⑤ がくせい

03
② かんこくじん 한국인
③ かいしゃいん 회사원
④ ～さん ～씨
⑤ がくせい 학생

04 다음 대화의 빈 칸에 들어갈 알맞은 말을 써 넣으시오.

A : はじめまして、よしだです。よろしく おねがいします。
B : はじめまして、たなかです。_____ よろしく。

04
よろしく おねがいします。
잘 부탁드립니다.

해 답 01. ⑤   02. ③   03. ④   04. こちらこそ

02 これは なんですか。

중요문형

1. <ruby>これ<rt>고 레 와</rt></ruby>は <ruby>なん<rt>난 데 스 까</rt></ruby>ですか。
   이것은 무엇 입니까?

2. <ruby>それ<rt>소 레 와</rt></ruby>は <ruby>わたし<rt>와따시 노</rt></ruby>の <ruby>シャープペンシル<rt>샤-뿌펜시루 데스</rt></ruby>です。
   그것은 나의 샤프펜슬 입니다.

3. <ruby>あれ<rt>아 레 와</rt></ruby>は <ruby>日本語<rt>니홍고 노</rt></ruby>の <ruby>本<rt>혼 데와</rt></ruby>では <ruby>ありません<rt>아리마 셍</rt></ruby>。
   저것은 일본어 (의) 책 이 아닙니다.

A
<ruby>これ<rt>고 레 와</rt></ruby>は <ruby>きもの<rt>기 모 노 데 스</rt></ruby>です。
이것은 기모노입니다.

<ruby>それ<rt>소 레 와</rt></ruby>は <ruby>ケータイ<rt>게-따이데스</rt></ruby>です。
그것은 휴대폰입니다.

<ruby>あれ<rt>아 레 와</rt></ruby>は <ruby>しゃしん<rt>샤 신 데 스</rt></ruby>です。
저것은 사진입니다.

B
<ruby>これ<rt>고 레 와</rt></ruby>は <ruby>なん<rt>난 데 스 까</rt></ruby>ですか。
이것은 무엇입니까?

<ruby>それ<rt>소 레 와</rt></ruby>は <ruby>わたしの<rt>와따시노</rt></ruby> <ruby>かばん<rt>가 반 데 스</rt></ruby>です。
그것은 나의 가방입니다.

한자읽기 <ruby>日本語<rt>にほんご</rt></ruby> <ruby>本<rt>ほん</rt></ruby>

02. これは なんですか。

これも あなたの かばんですか。
이것도 당신의 가방입니까?

いいえ、わたしの かばんでは ありません。
아니요, 나의 가방이 아닙니다.

せんせいの かばんです。
선생님의 가방입니다.

これは 誰の ノートですか。
이것은 누구의 노트입니까?

それは わたしのです。
그것은 나의 것입니다.

それは なんですか。
그것은 무엇입니까?

これですか。これは 本です。
이것 말입니까? 이것은 책입니다.

なんの 本ですか。
무슨 책입니까?

にほんごの 本です。
일본어 책입니다.

한자읽기 誰

문/형/연/습

01 これは かばんです。
이것은 가방입니다.

これ は	こくばん です。
それ	けしゴム
あれ	つくえ

02 それは えんぴつですか。
그것은 연필입니까?

これ は	ぼうし ですか。
それ	くつ
あれ	とけい

03 あれは いすでは ありません。
저것은 의자가 아닙니다.

これ は	じしょ では ありません。
それ	ボールペン
あれ	ラジオ

어휘익히기

01
~です ~입니다
こくばん 칠판
けしゴム 지우개
つくえ 책상

02
~ですか ~입니까?
ぼうし 모자
くつ 신발
とけい 시계

03
~では ありません
 ~이 아닙니다
じしょ 사전
ボールペン 볼펜
ラジオ 라디오

풀이 **01.** [이것/그것/저것]은 [칠판/지우개/책상]입니다. **02.** [이것/그것/저것/]은 [모자/신발/시계]입니까? **03.** [이것/그것/저것/]은 [사전/볼펜/라디오]가 아닙니다.

문/법/교/실

❶ 지시대명사

'これ・それ・あれ・どれ'와 같이 사물의 이름을 밝히지 않고 명사 대신 부르는 말을 지시대명사라 한다.

근칭(近称)	중칭(中称)	원칭(遠称)	부정칭(不定称)
これ	それ	あれ	どれ
이것	그것	저것	어느 것

❷ これは 이것은

구성 지시대명사(これ)+は

'これ'는 자기에게 가까이 있는 사물을 가리키는 지시대명사이고, 'は'는 말하는 사람이 특히 어느 것을 끄집어 내어 다른 것과 구별할 때 쓰는 조사이다.

❸ つくえです。 책상입니다.

구성 명사(つくえ)+です

'つくえです'는 '책상+입니다'의 뜻으로, '명사+조동사'의 형태이다. 'です'는 단정의 뜻을 나타내는 조동사로서 'だ'의 공손한 말이다.

❹ いいえ、～では ありません。 아니요, ～가/이 아닙니다.

감동사 'いいえ'는 그렇지 않다고 하거나 사양할 때 쓰는 부정의 대답으로, 'いや(아니다)'보다 공손한 말이다.

'～では ありません'은 '～です'의 부정형으로, '～では+あり+ませ+ん'과 같이 여러 단어가 복합된 말이지만, 하나하나 분석하지 말고 암기하도록 한다.

또한 'では'의 준말은 'じゃ'로, '～では ありません'은 '～じゃ ありません'으로도 많이 쓰인다.

요점정리

✸ 우리말의 '이·그·저·어느'라는 지시어 체계가 일본어에서는 'こ·そ·あ·ど' 체계로 사용된다.

✸ これ로 물어보면,
→それ로 대답한다.
それ로 물어보면,
→これ로 대답한다.
あれ로 물어보면,
→あれ로 대답한다.
どれ로 물어보면,
→これ·それ·あれ 어느 것으로 대답해도 좋다.

✸ **조동사**(助動詞)
용언(동사·い형용사·な형용사)·체언 등에 붙어 의미를 더하거나 서술을 돕는 부속어이며 활용한다.

✸ **～では ありません**
이 말의 반말은 '～ではない(～이 아니다)'이다.

문/법/교/실

❺ 문의 구조

(1) 긍정문 → ⬚Aは⬚ + ⬚Bです。⬚　A는 B입니다.

　　これは つくえです。 이것은 책상입니다.

(2) 의문문 → ⬚Aは⬚ + ⬚Bですか。⬚　A는 B입니까?

　　これは つくえですか。 이것은 책상입니까?

(3) 부정문 → ⬚Aは⬚ + ⬚Bでは ありません。⬚
　　　　　　　A는　　　 B가 아닙니다

　　これは つくえでは ありません。 이것은 책상이 아닙니다.

❻ 조사 の의 용법

(1) 명사와 명사를 이어주는 の : 우리말의 '~의'에 해당함.

　　にほんごの ほんです。 일본어(의) 책입니다.

(2) 소유관계의 の : 앞과 뒤에 오는 명사의 소유관계를 나타냄.

　　わたしの かばんです。 나의 가방입니다.

(3) 준체조사로서의 の : 소유대명사격으로 '누구의 것'이라는 의미.

　　それは わたしのです。 그것은 나의 것입니다.

요점정리

✸ **의문문**
긍정문의 끝에 의문의 뜻을 갖고 있는 조사 'か'를 붙인다.

✸ **조사 の**
명사와 명사를 이어주는 역할을 하는 조사 'の'는 일일이 해석하지 않아도 된다.

회화

1. おはようございます。 (오하요-고자이마스)
2. こんにちは。 (곤니찌와)
3. こんばんは。 (곰방와)
4. さようなら。 (사요-나라)
5. おやすみなさい。 (오야스미나사이)

1. 안녕하십니까? (아침인사)
2. 안녕하십니까? (점심인사)
3. 안녕하십니까? (저녁인사)
4. 안녕히 가세요. (헤어질 때)
5. 안녕히 주무세요.

연/습/문/제 Exercise

01 다음 빈 칸에 알맞은 말을 써 넣으시오.

(1) これ□ えんぴつです。

(2) あれは なんです□。

(3) A: これは ぼうしですか。
　　B: はい、□□□ ぼうしです。

(4) A: これは はさみですか。
　　B: いいえ、それは はさみ□□ □□□□□。
　　　えんぴつです。

(5) A: あれは かさですか。
　　B: はい、□□□ かさです。

02 다음 일본어를 우리말로 옮기시오.

(1) それも とけいですか。

(2) これは とけいでは ありません。

(3) いいえ、それは くつでは ありません。

(4) あれは ほんばこです。

도움말

01
(1) '～는'에 해당하는 조사

(3) これ로 물어보면 대답은 それ로
　　ぼうし 모자

(4) はさみ 가위
　　えんぴつ 연필

(5) あれ로 물어보면 대답은 あれ로
　　かさ 우산

02
(1) も ～도
　　とけい 시계

(3) くつ 신발

(4) ほんばこ 책장

해답 01. (1) は (2) か (3) それは (4) では ありません (5) あれは　02. (1) 그것도 시계입니까? (2) 이것은 시계가 아닙니다. (3) 아니요, 그것은 신발이 아닙니다. (4) 저것은 책장입니다.

03 ここに しんぶんが あります。

중요문형

① <ruby>ここ<rt>고꼬</rt></ruby>に <ruby>しんぶん<rt>심붕</rt></ruby>が <ruby>あります<rt>아리마스</rt></ruby>。
여기 에 　 신문 　 이 　 있습니다.

② <ruby>ここ<rt>고꼬</rt></ruby>は <ruby>きょうしつ<rt>쿄-시쯔</rt></ruby>です。
여기 는 　 교실 　 입니다.

③ <ruby>ざっし<rt>잣시</rt></ruby>は <ruby>どこ<rt>도꼬</rt></ruby>に <ruby>ありますか<rt>아리마스까</rt></ruby>。
잡지 는 　 어디 에 　 있습니까?

④ <ruby>いす<rt>이스</rt></ruby>の <ruby>下<rt>시따</rt></ruby>に <ruby>何<rt>나니</rt></ruby>が <ruby>あります<rt>아리마스</rt></ruby>か。
의자(의) 　 밑 에 　 무엇 이 　 있습니까?

⑤ <ruby>いす<rt>이스</rt></ruby>の <ruby>下<rt>시따</rt></ruby>には <ruby>何<rt>나니</rt></ruby>も <ruby>ありません<rt>아리마셍</rt></ruby>。
의자(의) 　 밑 에는 　 아무것도 　 없습니다.

⑥ <ruby>いいえ<rt>이-에</rt></ruby>、<ruby>でんわ<rt>뎅와</rt></ruby>は <ruby>ここ<rt>고꼬</rt></ruby>には <ruby>ありません<rt>아리마셍</rt></ruby>。
아니요, 　 전화 는 　 여기에 는 　 없습니다.

A

<ruby>ここ<rt>고꼬</rt></ruby>に <ruby>時計<rt>도께이</rt></ruby>が <ruby>あります<rt>아리마스</rt></ruby>。
여기에 　 시계가 　 있습니다.

<ruby>そこ<rt>소꼬</rt></ruby>に <ruby>ざっし<rt>잣시</rt></ruby>が <ruby>あります<rt>아리마스</rt></ruby>。
거기에 　 잡지가 　 있습니다.

<ruby>あそこ<rt>아소꼬</rt></ruby>に <ruby>鄭さん<rt>정상</rt></ruby>が <ruby>います<rt>이마스</rt></ruby>。
저기에 　 정씨가 　 있습니다.

한자읽기　<ruby>下<rt>した</rt></ruby>　<ruby>何<rt>なに</rt></ruby>　<ruby>時計<rt>とけい</rt></ruby>

03. ここに しんぶんが あります。

B
<small>고 꼬 와　도 쇼 깐 데 스</small>
ここは　図書館です。
여기는　　도서관입니다.

<small>소 꼬 와　유- 빙 꾜 꾸 데 스</small>
そこは　郵便局です。
거기는　　우체국입니다.

<small>아 소 꼬 와　데- 류- 죠 데 스</small>
あそこは　停留所です。
저기는　　　정거장입니다.

C
<small>김 상 와　고 꼬 니　이 마 스</small>
金さんは　ここに　います。
김씨는　　여기에　　있습니다.

<small>센 세- 와　소 꼬 니　이 마 스</small>
先生は　そこに　います。
선생님은　거기에　　있습니다.

<small>오 떼 아라 이 와　아 소 꼬 니　아 리 마 스</small>
お手洗いは　あそこに　あります。
화장실은　　　저기에　　　있습니다.

D
<small>쯔 꾸 에 노　우에 니 와　가 빙 가　아 리 마 스</small>
つくえの　上には　かびんが　あります。
책상　　　　위에는　　꽃병이　　　있습니다.

<small>헤 야 니 와　데 레 비 야　라 지 오　나 도 가　아 리 마 스</small>
部屋には　テレビや　ラジオ　などが　あります。
방 안에는　텔레비전이랑 라디오　　등이　　　있습니다.

<small>소 꼬 니　다 레 가　이 마 스 까</small>
そこに　だれが　いますか。
거기에　　누가　　　있습니까?

<small>고 꼬 니　정 상 가　이 마 스</small>
ここに　鄭さんが　います。
여기에　　정씨가　　　있습니다.

한자읽기　　図書館　郵便局　停留所　先生　お手洗い　上　部屋
　　　　　　　としょかん ゆうびんきょく ていりゅうじょ せんせい てあら うえ へや

Text 03

<ruby>二階<rt>니까이</rt></ruby>には <ruby>部屋<rt>헤야</rt></ruby>も あります。
2층에는 방도 있습니다.

<ruby>本<rt>혼</rt></ruby>だなの <ruby>中<rt>나까</rt></ruby>には じしょも あります。
책꽂이 안에는 사전도 있습니다.

E つくえの <ruby>下<rt>시따</rt></ruby>には <ruby>何<rt>나니</rt></ruby>が ありますか。
책상 밑에는 무엇이 있습니까?

つくえの 下には 何も ありません。
책상 밑에는 아무것도 없습니다.

テーブルの <ruby>上<rt>우에</rt></ruby>には 何か ありますか。
테이블 위에는 무엇인가 있습니까?

テーブルの 上には 何も ありません。
테이블 위에는 아무것도 없습니다.

たんすの 中には 何か ありますか。
옷장 안에는 무엇인가 있습니까?

いいえ、たんすの 中には 何も ありません。
아니요, 옷장 안에는 아무것도 없습니다.

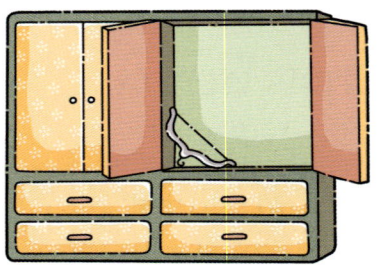

한자읽기 　<ruby>二階<rt>にかい</rt></ruby>　<ruby>本<rt>ほん</rt></ruby>　<ruby>中<rt>なか</rt></ruby>　<ruby>何<rt>なに</rt></ruby>

03. ここに しんぶんが あります。

_{다이도꼬로노　나까니 와　나니 까　아 리 마 스 까}
台所の　中には　何か　ありますか。
부엌　안에는　무엇인가 있습니까?

_{이 - 에　다이도꼬로노　나까니 와　나니모　아 리 마 셍}
いいえ、台所の　中には　何も　ありません。
아니요, 부엌　안에는　아무것도 없습니다.

_{오 떼아라이 와　도 꼬 니　아 리 마 스 까}
お手洗いは　どこに　ありますか。
화장실은　어디에　있습니까?

_{오 떼아라이 와　스 구　도나리니　아 리 마 스}
お手洗いは　すぐ　となりに　あります。
화장실은　바로　근처에　있습니다.

F

_{센 세 - 와　도 꼬 니　이 마 스 까}
せんせいは　どこに　いますか。
선생님은　어디에　있습니까?

_{센 세 - 와　아 소 꼬 니　이 마 스}
せんせいは　あそこに　います。
선생님은　저기에　있습니다.

_{정 삼 모　아 소 꼬 니　이 마 스 까}
鄭さんも　あそこに　いますか。
정씨도　저기에　있습니까?

_{이 - 에　정 상 와　아 소 꼬 니 와　이 마 셍}
いいえ、鄭さんは　あそこには　いません。
아니요,　정씨는　저기에는　없습니다.

_{도 꼬 니　이 마 스 까}
どこに　いますか。
어디에　있습니까?

_{정 상 와　교 - 시쯔노　나까니　이 마 스}
鄭さんは　教室の　中に　います。
정씨는　교실　안에　있습니다.

한자읽기　だいどころ　てあら　きょうしつ
台所　お手洗い　教室

문/형/연/습

01 ここに　ざっしが　あります。
　　　(고꼬니　잣시가　아리마스)
　　여기에　잡지가　있습니다.

ここ	に	電話	が あります。
そこ		お手洗い	
あそこ		部屋	

어휘익히기

◯ 01
~に …が あります
　~에 …이 있습니다
電話(でんわ) 전화
お手洗(てあら)い 화장실
部屋(へや) 방

02 ここは　何ですか。
　　　(고꼬와　난데스까)
　　여기는　무엇입니까?

ここ	は	花屋	です。
そこ		会議室	
あそこ		図書室	

◯ 02
~は …ですか
　~은 …입니까
花屋(はなや) 꽃집
会議室(かいぎしつ)
　회의실
図書館(としょしつ)
　도서실

03 せんせいは　どこに　いますか。
　　　(센세-와　도꼬니　이마스까)
　　선생님은　어디에　있습니까?

せんせい	は	あそこ	に います。
		学生	
		金さん	

◯ 03
~は …に います
　~은 …에 있습니다
学生(がくせい) 학생
病院(びょういん) 병원
大学(だいがく) 대학
前(まえ) 앞

풀이 　**01.** [여기/거기/저기]에 [전화/화장실/방]이 있습니다. 　**02.** [여기/거기/저기]는 [꽃집/회의실/도서실]입니다. 　**03.** [선생님/학생/김씨]는 [저기/병원/대학 앞]에 있습니다.

03. ここに しんぶんが あります。

04 テーブルの 上には 何が ありますか。
　　(데-부루노　우에니와　나니가　아리마스까)
　　테이블　위에는　무엇이 있습니까?

　　二階(니까이) には 何が ありますか。
　　部屋(헤야)
　　たんすの中(단스노나까)

05 つくえの 下には 何も ありません。
　　(쯔꾸에노　시따니와　나니모　아리마셍)
　　책상　밑에는　아무것도 없습니다.

　　部屋の中(헤야노나까) には 何も ありません。
　　トイレ(도이레)
　　あそこ(아소꼬)

06 ここに じしょが ありますか。
　　(고꼬니　지쇼가　아리마스까)
　　여기에　사전이 있습니까?

　→ いいえ、じしょは ここには ありません。
　　(이-에　지쇼와　고꼬니와　아리마셍)
　　아니요, 사전은　여기에는 없습니다.

　　いいえ、駅(에끼) は ここ には ありません。
　　　　　　停留所(데-류-쇼)　そこ(소꼬)
　　　　　　体育館(다이이꾸깡)　あそこ(아소꼬)

어휘익히기

● 04
〜には …が ありますか
　〜에 …이 있습니까?
二階(にかい) 2층
たんす 옷장
中(なか) 안, 속

● 05
〜には …も ありません
　〜에는 …도 없습니다
トイレ(toilet) 욕실, 화장실
何(なに)も ありません
　아무것도 없습니다

● 06
いいえ、〜は …には あり
ません 아니요, 〜는 …
에는 없습니다
駅(えき) 역
停留所(ていりゅうじょ)
　정거장
体育館(たいいくかん)
　체육관

풀이 04. [2층/방/옷장 속]에는 무엇이 있습니까?　05. [방안/욕실/저기]에는 아무것도 없습니다.
06. 아니요, [역/정거장/체육관]은 [여기/거기/저기]에는 없습니다.

37

문/법/교/실

❶ 장소의 지시대명사

ここ・そこ・あそこ・どこ는 장소를 나타내는 지시대명사이다.

근칭(近称)	중칭(中称)	원칭(遠称)	부정칭(不定称)
ここ	そこ	あそこ	どこ
여기	거기	저기	어디

ここは こうどうです。 여기는 강당입니다.

요점정리

✱ 'こ・そ・あ・ど'의 지시어 체계이다.

❷ あります와 います

우리말로는 생물이든 무생물이든 구별없이 '있습니다'로 표현한다. 그러나 일본에서는 무생물·식물일 때에는 'あります', 사람·동물일 때에는 'います'를 쓴다.

ここに しんぶんが あります。 여기에 신문이 있습니다.
ここに 学生が います。 여기에 학생이 있습니다.

소유의 뜻을 강조할 때에는 사람일지라도 'あります'로 나타내곤 한다.

私は 兄弟が あります。 나는 형제가 있습니다.
私は 子供が あります。 나는 아이들이 있습니다.

✱ あります의 부정
→ ありません
います의 부정
→ いません

❸ 何が와 何か

何が는 '무엇이', 何か는 '무엇인가'로 해석된다.

何が의 'が'는 주격을 나타내는 격조사(格助詞)이며, 何か의 'か'는 불확실을 나타내는 부조사(副助詞)로 문장 안에 쓰인다. 문장 끝에 붙는 종조사(終助詞) 'か'와 혼동해서는 안 된다.

ここに 何が ありますか。 ← 격조사
여기에 무엇이 있습니까?

あそこに 何か ありますか。 ← 부조사
저기에 무엇인가 있습니까?

✱ なにか ありますか
'무엇인가 있습니까?'의 뜻으로 'なにが'가 아니고 'なにか'인 데 유의한다. 무엇인가 있으면, 'はい、あります'로 대답하고, 없으면 'いいえ、なにも ありません'으로 대답한다.

03. ここに しんぶんが あります。

あなたは 学生(がくせい)ですか。 ← 종조사
당신은 학생입니까?

요점정리

❹ 명사＋や＋명사＋や＋명사＋など ┐
　명사＋と＋명사＋と＋명사　　　┘ ＋が あります

'～や ～や ～などが あります'는 많은 것 중 추려서 열거할 때 쓰이고, '～と ～と ～が あります'는 있는 것을 열거하는 뜻으로, 그것만이 있다는 한정의 뜻을 나타낼 때 쓰인다.

やさいや くだものや ぎゅうにゅう などが あります。
야채랑 과일이랑 우유 등이 있습니다.

つくえと いすと たんすが あります。
책상과 의자와 옷장이 있습니다.

✽ 'や'는 물건이나 사람을 열거할 때 쓰이며, 'など'는 여럿이 있는 중에서 하나 또는 그 이상을 예시할 때 쓴다.

회화

A : ちょっと お尋ねしますが、ソウル駅は どう 行ったら
　　いいでしょうか。
B : ソウル駅ですか。ソウル駅は すぐ そこです。
A : どうも、ありがとうございます。
B : いいえ、どう いたしまして。

A : 잠깐 여쭤 보겠습니다만, 서울역은 어떻게 가면 좋을까요?
B : 서울역입니까? 서울역은 바로 저기입니다.
A : 대단히 고맙습니다.
B : 아니요, 천만에요.

연/습/문/제

01 다음 일본어를 우리말로 옮기시오.

(1) ここは きょうしつです。

(2) あそこは じむしつですか。
　　いいえ、あそこは じむしつでは ありません。

(3) あそこに なにか ありますか。

(4) かびんは どこに ありますか。

(5) まんねんひつや えんぴつや ボールペン などが あります。

02 다음 빈 칸에 알맞은 말을 써 넣으시오.

(1) とけいは テーブル□ 上□ あります。
(2) ここ□ でんわ□ あります。
(3) あなたの うちは どこ□ あります□。
(4) この へやに つくえ□ いす□ ベット など□ あります。
(5) ぼうし□ くつ□ とけい□ あります。

도움말

01
(1) きょうしつ 교실
(2) じむしつ 사무실

(4) かびん 꽃병

02
(1) 시계는 테이블 위에 있습니다.
(2) 여기에 전화가 있습니다.
(3) 당신의 집은 어디에 있습니까?
(4) 이 방에 책상이랑 의자랑 침대 등이 있습니다.
(5) 모자와 신발과 시계가 있습니다.

해답 01. (1) 여기는 교실입니다. (2) 저기는 사무실입니까? 아니요, 저기는 사무실이 아닙니다. (3) 저기에 무엇인가 있습니까? (4) 꽃병은 어디에 있습니까? (5) 만년필이랑 연필이랑 볼펜 등이 있습니다.　02. (1) の、に (2) に、が (3) に、か (4) や、や、が (5) と、と、が

04 わたしの かぞくの しゃしんです。

중요문형

① この ひとは だれ ですか。
　이　사람은　누구　입니까?

② その かたは わたしの ちち です。
　그　분은　나　의　아빠 입니다.

③ なんにん かぞく ですか。
　몇　인　가족　입니까? (가족이 몇 명입니까?)

④ おいくつ ですか。
　몇 살　입니까?

A 田中さん、それは なんですか。
　　다나카 씨, 그것은 무엇입니까?

　これですか。これは しゃしんです。
　이것 말입니까? 이것은 사진입니다.

　なんの しゃしんですか。
　무슨 사진입니까?

　それは わたしの 家族の しゃしんです。
　그것은 내　가족의　사진입니다.

B ちょっと いいですか。この かたは どなたですか。
　　좀　보여주세요.　이　분은　누구십니까?

| 한자읽기 | 田中 家族 |

Text 04

치찌데스
ちちです。
아빠입니다.

고노 가따와 오까-상데스네
この かたは おかあさんですね。
이 분은 어머니시군요.

이-에 하하데와 아리마셍 아네데스
いいえ、ははでは ありません。あねです。
아니요, 어머니가 아닙니다. 누나입니다.

소-데스까 오이꾸쯔데스까
そうですか。おいくつですか。
그렇습니까? 몇 살입니까?

니쥬-니사이데스
22さいです。
22살입니다.

G

고까조꾸와 난닌데스까
ご家族は 何人ですか。
가족은 몇 명입니까?

와따시오 이레떼 요닌데스
私を いれて 4人です。
저를 포함해서 4인입니다.

치찌와 가이샤니 쯔또메떼 이마스
父は 会社に つとめて います。
아빠는 회사에 근무하고 있습니다.

하하와 각꼬-노 센세-데스
母は 学校の 先生です。
엄마는 학교 선생님입니다.

아네와 다이각세-데스
姉は 大学生です。
누나는 대학생입니다.

| 한자읽기 | なんにん
何人 | ちち
父 | かいしゃ
会社 | はは
母 | がっこう
学校 | せんせい
先生 | あね
姉 | だいがくせい
大学生 |

문/형/연/습

01 <ruby>この<rt>고노</rt></ruby> <ruby>ひとは<rt>히또와</rt></ruby> <ruby>だれですか<rt>다레데스까</rt></ruby>。
　　이　사람은　누구입니까?

<ruby>この<rt>고노</rt></ruby>	<ruby>ひとは<rt>히또와</rt></ruby>	<ruby>あに<rt>아니</rt></ruby>	<ruby>です<rt>데스</rt></ruby>。
<ruby>その<rt>소노</rt></ruby>		<ruby>あね<rt>아네</rt></ruby>	
<ruby>あの<rt>아노</rt></ruby>		<ruby>ちち<rt>치찌</rt></ruby>	

02 <ruby>この<rt>고노</rt></ruby> <ruby>かたは<rt>가따와</rt></ruby> <ruby>どなたですか<rt>도나따데스까</rt></ruby>。
　　이　분은　누구십니까?

<ruby>この<rt>고노</rt></ruby>	<ruby>かたは<rt>가따와</rt></ruby>	<ruby>せんせい<rt>센세-</rt></ruby>	<ruby>です<rt>데스</rt></ruby>。
<ruby>その<rt>소노</rt></ruby>		<ruby>いしゃ<rt>이샤</rt></ruby>	
<ruby>あの<rt>아노</rt></ruby>		<ruby>かいしゃいん<rt>가이샤인</rt></ruby>	

03 <ruby>何人<rt>난닌</rt></ruby> <ruby>家族ですか<rt>가조꾸데스까</rt></ruby>。
　　몇 인 가족입니까? (가족은 몇 명입니까?)

<ruby>4にん<rt>요닝</rt></ruby> <ruby>かぞく<rt>가조꾸</rt></ruby>	<ruby>です<rt>데스</rt></ruby>。
<ruby>5にん<rt>고닝</rt></ruby> <ruby>かぞく<rt>가조꾸</rt></ruby>	
<ruby>私を<rt>와따시오</rt></ruby> <ruby>いれて<rt>이레떼</rt></ruby> <ruby>6人<rt>로꾸닌</rt></ruby>	

어휘익히기

01
~は …ですか
　~은 …입니까?
あに 형, 오빠
あね 누나, 언니
ちち 아빠

02
かた 분
せんせい 선생님
いしゃ 의사
かいしゃいん 회사원

03
かぞく 가족
いれて
　포함해서, 넣어서

풀 이 01. [이/그/저] 사람은 [오빠/언니/아빠]입니다. 02. [이/그/저]분은 [선생님/의사/회사원]입니다. 03. [4인 가족/5인 가족/저를 포함해서 6인]입니다.

문/법/교/실

❶ 수사(数詞)

수량이나 순서를 나타내는 품사를 '수사'라 한다. 문법상으로는 명사에 속한다.
(1) 수를 나타내는 것 : いち, に, ひとつ, ふたつ 등.
(2) 수량을 나타내는 것 : 一枚(いちまい), 一時(いちじ)
(3) 순서를 나타내는 것 : 第一(だいいち), 一番(いちばん)

❷ 조수사(助数詞)

三人(さんにん), 五枚(ごまい), 一本(いっぽん), 二冊(にさつ)와 같이 수를 나타내는 말에 붙어서 어떤 종류의 것인가를 나타내는 접미어를 '조수사'라 한다.

❸ 기본 숫자 읽는 법

기본 숫자를 읽는 데에는 두 가지 방법이 있다.
(1) 일본 고유어 수 읽기로서, 'ひとつ, ふたつ, みっつ, よっつ, いつつ, むっつ, ななつ, やっつ, ここのつ, とお'가 있다. 우리말의 '하나, 둘, 셋, 넷……열'에 해당된다.
(2) 한숫자(漢数字)나 아라비아 숫자 등 일반적으로 쓰이는 읽기로, 'いち, に, さん, し, ご, ろく, しち, はち, きゅう, じゅう'가 있다. 우리말의 '일, 이, 삼, 사……십'에 해당된다.

❹ いくつ와 いくら의 차이

'몇 개'와 같이 '수'를 물을 때에나 '나이'를 물을 때에는 'いくつ'를 쓰고, '가격 · 무게' 등을 물을 때에는 'いくら'를 쓴다.

なしは いくつ ありますか。
배는 몇 개 있습니까?

この りんごは ひとつ いくらですか。
이 사과는 하나에 얼마입니까?

요점정리

✱ ひとつ 하나
　ふたつ 둘
　みっつ 셋
　よっつ 넷
　いつつ 다섯
　むっつ 여섯
　ななつ 일곱
　やっつ 여덟
　ここのつ 아홉
　とお 열

✱ 일본 고유어 수에는 접미어 'つ'를 붙여 읽는다.

✱ 나이를 물을 때에는 'いくつ'를 쓴다.
→おいくつですか。
　몇 살입니까?

04. わたしの かぞくの しゃしんです。

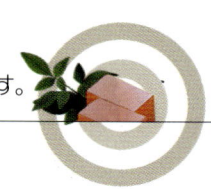

❺ 가족의 호칭

일본어의 가족 호칭은 '우리 가족을 남에게 말할 때'와 '남의 가족을 부를 때'에 따라 달라지므로 주의해야 한다.

가족	내 가족을 남에게 말할 때	남의 가족을 부를 때
할아버지	そふ	おじいさん
할머니	そぼ	おばあさん
아버지	ちち	おとうさん
어머니	はは	おかあさん
형, 오빠	あに	おにいさん
누나, 언니	あね	おねえさん
남동생	おとうと	おとうとさん
여동생	いもうと	いもうとさん

요점정리

✱ 祖父(そふ) 할아버지
　祖母(そぼ) 할머니
　父(ちち) 아버지
　母(はは) 어머니
　兄(あに) 형, 오빠
　姉(あね) 누나, 언니
　弟(おとうと) 남동생
　妹(いもうと) 여동생

✱ 형제 호칭

(1) わたし → 　一番目の弟　　　二番目の弟　　　一番下の弟
　　　　　　　　(いちばんめ おとうと)　(にばんめ おとうと)　(いちばんした おとうと)
　　　　　　　　첫째 남동생　　　둘째 남동생　　　막내 남동생

(2) わたし → 　一番目の姉　　　二番目の姉
　　　　　　　　(いちばんめ あね)　(にばんめ あね)
　　　　　　　　첫째 누나　　　둘째 언니(작은언니)

회화

A : いらっしゃいませ。　　　　　　　A : 어서 오세요.
　　(이랏샤이마세)

B : りんごが ほしいんですが。　　　B : 사과를 사고 싶은데요.
　　(링고가 호시인데스가)

A : ひとつ ５０円です。　　　　　　A : 1개에 50엔입니다.
　　(히또쯔 고쥬-엔데스)

B : りんご みっつ ください。　　　B : 사과 3개 주세요.
　　(링고 밋쯔 구다사이)

A : はい、どうぞ。　　　　　　　　A : 네, 여기 있습니다.
　　(하이, 도-조)

연/습/문/제

01 다음 단어의 연결이 <u>잘못된</u> 것은?

① おとうさん ― ちち
② おかあさん ― はは
③ おねえさん ― あね
④ おにいさん ― おに
⑤ おとうとさん ― おとうと

도움말

01
내 가족을 남에게 말할 때와 남의 가족을 부를 때가 다르기 때문에 주의해야 한다.

02 다음 밑줄 친 부분에 들어갈 알맞은 말은?

(1) あなたの ご家族は _____ ですか。
① なんまい   ② なんそく   ③ なんにん
④ なんさい   ⑤ なんぼん

(2) ことし _____ ですか。
① なんまい   ② なんさい   ③ なんにん
④ なんぼん   ⑤ なんとう

02
(1) 枚(まい) : 얇은 물건을 세는 단위
足(そく) : 다발로 된 물건을 세는 단위
本(ぼん) : 긴 물건을 세는 단위
(2) 頭(とう) : 큰 동물을 세는 단위

03 다음 빈 칸에 알맞은 조사를 보기에서 골라 써 보세요.

[보기] は と の が に

(1) この かた__ どなたですか。
(2) わたし__ かぞくの しゃしんです。
(3) 父は 会社__ つとめて います。

03
(1) 이분은 누구십니까?
(2) 저의 가족 사진입니다.
(3) 아버지는 회사에 근무하고 있습니다.

해답 01. ④   02. (1) ③   (2) ②   03. (1) は   (2) の   (3) に

한 걸음 더~

숫자 · 조수사

① 숫자(数字)

번호	숫자	번호	숫자
1	一(いち) [이찌]	90	九十(きゅうじゅう) [큐-쥬-]
2	二(に) [니]	100	百(ひゃく) [햐꾸]
3	三(さん) [상]	200	二百(にひゃく) [니햐꾸]
4	四(し, よん) [시, 용]	300	三百(さんびゃく) [삼 뱌꾸]
5	五(ご) [고]	400	四百(よんひゃく) [욘햐꾸]
6	六(ろく) [로꾸]	500	五百(ごひゃく) [고햐꾸]
7	七(しち, なな) [시찌, 나나]	600	六百(ろっぴゃく) [롭뺘꾸]
8	八(はち) [하찌]	700	七百(ななひゃく) [나나햐꾸]
9	九(く, きゅう) [구, 큐-]	800	八百(はっぴゃく) [합뺘꾸]
10	十(じゅう) [쥬-]	900	九百(きゅうひゃく) [큐-햐꾸]
11	十一(じゅういち) [쥬-이찌]	1000	千(せん) [셍]
12	十二(じゅうに) [쥬-니]	2000	二千(にせん) [니셍]
13	十三(じゅうさん) [쥬-상]	3000	三千(さんぜん) [산젱]
14	十四(じゅうよん, じゅうし) [쥬-용]	4000	四千(よんせん) [욘셍]
15	十五(じゅうご) [쥬-고]	5000	五千(ごせん) [고셍]
16	十六(じゅうろく) [쥬-로꾸]	6000	六千(ろくせん) [록셍]
17	十七(じゅうなな, じゅうしち) [쥬-시찌]	7000	七千(ななせん) [나나셍]
18	十八(じゅうはち) [쥬-하찌]	8000	八千(はっせん) [핫셍]
19	十九(じゅうきゅう, じゅうく) [쥬-큐-]	9000	九千(きゅうせん) [큐-셍]
20	二十(にじゅう) [니 쥬-]	10000	一万(いちまん) [이찌 망]
30	三十(さんじゅう) [산 쥬-]	100000	十万(じゅうまん) [쥬- 망]
40	四十(よんじゅう) [욘 쥬-]	1000000	百万(ひゃくまん) [햐꾸 망]
50	五十(ごじゅう) [고 쥬-]	10000000	千万(せんまん) [셈 망]
60	六十(ろくじゅう) [로꾸쥬-]	100000000	一億(いちおく) [이찌오꾸]
70	七十(しちじゅう, ななじゅう) [시찌쥬-]	0.6	れいてんろく [레- 뗀 로꾸]
80	八十(はちじゅう) [하찌쥬-]	0.85	れいてんはちご [레- 뗀 하찌 고]

한 걸음 더~

② 조수사(助数字)

수	사람	나이	집
1	히또 리 一人(ひとり)	잇 사이 一才(いっさい)	익 껭 一軒(いっけん)
2	후따 리 二人(ふたり)	니 사이 二才(にさい)	니 껭 二軒(にけん)
3	산 닝 三人(さんにん)	산 사이 三才(さんさい)	상 겡 三軒(さんげん)
4	요 닝 四人(よにん)	욘 사이 四才(よんさい)	용 껭 四軒(よんけん)
5	고 닝 五人(ごにん)	고 사이 五才(ごさい)	고 껭 五軒(ごけん)
6	로꾸 닝 六人(ろくにん)	록 사이 六才(ろくさい)	록 껭 六軒(ろっけん)
7	시찌 닝 七人(しちにん, ななにん)	나나사이 七才(ななさい)	나나 껭 七軒(ななけん)
8	하찌 닝 八人(はちにん)	핫 사이 八才(はっさい)	학 껭 八軒(はっけん)
9	큐-닝 九人(きゅうにん, くにん)	큐-사이 九才(きゅうさい)	큐- 껭 九軒(きゅうけん)
10	쥬-닝 十人(じゅうにん)	줏 사이 十才(じゅっさい)	죽 껭 十軒(じゅっけん)
?	난 닝 何人(なんにん)	난 사이 何才(なんさい)	낭 겡 何軒(なんげん)

수	건물의 계층	횟수(빈도)	순서
1	익 까이 一階(いっかい)	익 까이 一回(いっかい)	이찌 방 一番(いちばん)
2	니 까이 二階(にかい)	니 까이 二回(にかい)	니 방 二番(にばん)
3	상 까이 三階(さんかい)	상 까이 三回(さんかい)	삼 방 三番(さんばん)
4	용 까이 四階(よんかい)	용 까이 四回(よんかい)	욤 방 四番(よんばん)
5	고 까이 五階(ごかい)	고 까이 五回(ごかい)	고 방 五番(ごばん)
6	록 까이 六階(ろっかい)	록 까이 六回(ろっかい)	로꾸 방 六番(ろくばん)
7	나나까이 七階(ななかい)	나나까이 七回(ななかい)	나나 방 七番(ななばん)
8	학 까이 八階(はっかい)	학 까이 八回(はっかい)	하찌 방 八番(はちばん)
9	큐-까이 九階(きゅうかい)	큐-까이 九回(きゅうかい)	큐- 방 九番(きゅうばん)
10	죽 까이 十階(じゅっかい)	죽 까이 十回(じゅっかい)	쥬- 방 十番(じゅうばん)
?	낭 까이 何階(なんかい)	낭 까이 何回(なんかい)	남 방 何番(なんばん)

수	물건(하나·둘·셋…)	작은 물건(계란·감 등)	긴 물건(연필·우산·병 등)
1	히또 쯔 一つ(ひとつ)	익 꼬 一個(いっこ)	입 뽕 一本(いっぽん)
2	후따 쯔 二つ(ふたつ)	니 꼬 二個(にこ)	니 홍 二本(にほん)
3	밋 쯔 三つ(みっつ)	상 꼬 三個(さんこ)	삼 봉 三本(さんぼん)
4	욧 쯔 四つ(よっつ)	용 꼬 四個(よんこ)	용 봉 四本(よんほん)
5	이쯔 쯔 五つ(いつつ)	고 꼬 五個(ごこ)	고 홍 五本(ごほん)
6	뭇 쯔 六つ(むっつ)	록 꼬 六個(ろっこ)	롭 뽕 六本(ろっぽん)
7	나나 쯔 七つ(ななつ)	나나 꼬 七個(ななこ)	나나 홍 七本(ななほん)
8	얏 쯔 八つ(やっつ)	학 꼬 八個(はっこ)	합 뽕 八本(はっぽん)
9	고꼬노쯔 九つ(ここのつ)	큐- 꼬 九個(きゅうこ)	큐- 홍 九本(きゅうほん)
10	도- 十(とお)	죽 꼬 十個(じゅっこ)	즙 뽕 十本(じゅっぽん)
?	이꾸 쯔 いくつ	낭 꼬 何個(なんこ)	남 봉 何本(なんぼん)

수	얇은 물건(종이·접시 등)	책	구두·양말 등
1	이찌마이 一枚(いちまい)	잇 사쯔 一冊(いっさつ)	잇 소꾸 一足(いっそく)
2	니 마이 二枚(にまい)	니 사쯔 二冊(にさつ)	니 소꾸 二足(にそく)
3	삼 마이 三枚(さんまい)	산 사쯔 三冊(さんさつ)	산 조꾸 三足(さんぞく)
4	욤 마이 四枚(よんまい)	욘 사쯔 四冊(よんさつ)	욘 소꾸 四足(よんそく)
5	고 마이 五枚(ごまい)	고 사쯔 五冊(ごさつ)	고 소꾸 五足(ごそく)
6	로꾸마이 六枚(ろくまい)	록 사쯔 六冊(ろくさつ)	록 소꾸 六足(ろくそく)
7	시찌마이 七枚(しちまい)	나나사쯔 七冊(ななさつ)	나나소꾸 七足(ななそく)
8	하찌마이 八枚(はちまい)	핫 사쯔 八冊(はっさつ)	핫 소꾸 八足(はっそく)
9	큐-마이 九枚(きゅうまい)	큐-사쯔 九冊(きゅうさつ)	큐-소꾸 九足(きゅうそく)
10	쥬-마이 十枚(じゅうまい)	쥿 사쯔 十冊(じゅっさつ)	쥿 소꾸 十足(じゅっそく)
?	남 마이 何枚(なんまい)	난 사쯔 何冊(なんさつ)	난 소꾸 何足(なんそく)

한 걸음 더~

수	작은 물건(고양이·물고기 등)	큰 동물(소·코끼리 등)	컵에 든 음료수 등
1	입 삐끼 一匹(いっぴき)	잇 또- 一頭(いっとう)	입 빠이 一杯(いっぱい)
2	니 히끼 二匹(にひき)	니 또- 二頭(にとう)	니 하이 二杯(にはい)
3	삼 비끼 三匹(さんびき)	산 또- 三頭(さんとう)	삼 바이 三杯(さんばい)
4	용 히끼 四匹(よんひき)	욘 또- 四頭(よんとう)	욘 하이 四杯(よんはい)
5	고 히끼 五匹(ごひき)	고 또- 五頭(ごとう)	고 하이 五杯(ごはい)
6	롭 삐끼 六匹(ろっぴき)	로꾸 또- 六頭(ろくとう)	롭 빠이 六杯(ろっぱい)
7	나나히끼 七匹(ななひき)	나나 또- 七頭(ななとう)	나나하이 七杯(ななはい)
8	합 삐끼 八匹(はっぴき)	핫 또- 八頭(はっとう)	합 빠이 八杯(はっぱい)
9	큐-히끼 九匹(きゅうひき)	큐- 또- 九頭(きゅうとう)	큐-하이 九杯(きゅうはい)
10	즙 삐끼 十匹(じゅっぴき)	줏 또- 十頭(じゅっとう)	즙 빠이 十杯(じゅっぱい)
?	남 비끼 何匹(なんびき)	난 또- 何頭(なんとう)	남 바이 何杯(なんばい)

수	자동차·기계 등	배(舟)	돈
1	이찌다이 一台(いちだい)	잇 세끼 一隻(いっせき)	이찌 엥 一円(いちえん)
2	니 다이 二台(にだい)	니 세끼 二隻(にせき)	니 엥 二円(にえん)
3	산 다이 三台(さんだい)	산 세끼 三隻(さんせき)	상 엥 三円(さんえん)
4	욘 다이 四台(よんだい)	욘 세끼 四隻(よんせき)	요 엥 四円(よえん)
5	고 다이 五台(ごだい)	고 세끼 五隻(ごせき)	고 엥 五円(ごえん)
6	로꾸다이 六台(ろくだい)	록 세끼 六隻(ろくせき)	로꾸 엥 六円(ろくえん)
7	나나다이 七台(ななだい)	나나세끼 七隻(ななせき)	나나 엥 七円(ななえん)
8	하찌다이 八台(はちだい)	핫 세끼 八隻(はっせき)	하찌 엥 八円(はちえん)
9	큐-다이 九台(きゅうだい)	큐-세끼 九隻(きゅうせき)	큐- 엥 九円(きゅうえん)
10	쥬-다이 十台(じゅうだい)	줏 세끼 十隻(じゅっせき)	쥬- 엥 十円(じゅうえん)
?	난 다이 何台(なんだい)	난 세끼 何隻(なんせき)	이꾸라 いくら

05 きょうは なん月 なん日ですか。

중요문형

1. きょうは なん月 なん日ですか。
   오늘 은 몇 월 며칠 입니까?

2. きょうは 何曜日ですか。
   오늘 은 무슨 요일 입니까?

3. あなたの お誕生日は いつですか。
   당신 의 생일 은 언제 입니까?

4. ことし なんさいですか。
   올해 몇 살 입니까?

A
きょうは なん日ですか。
오늘은 며칠입니까?

きょうは 三日です。
오늘은 3일입니다.

あしたは なん日ですか。
내일은 며칠입니까?

あしたは 四日で、あさっては 五日です。
내일은 4일이고, 모레는 5일입니다.

昨日は なん日でしたか。
어제는 며칠이었습니까?

한자읽기   月(がつ) 日(にち) 何曜日(なんようび) 誕生日(たんじょうび) 三日(みっか) 四日(よっか) 五日(いつか) 昨日(きのう)

Text 05

<small>기노-와　후쯔까 데 시 따</small>
昨日は　二日でした。
어제는　　2일이었습니다.

B　<small>쿄-와　낭요-비 데 스 까</small>
きょうは　何曜日ですか。
오늘은　　무슨 요일입니까?

<small>쿄-와　도요-비 데 스</small>
きょうは　土曜日です。
오늘은　　토요일입니다.

<small>기노-와　낭요-비 데 시 따 까</small>
昨日は　何曜日でしたか。
어제는　　무슨 요일이었습니까?

<small>기노-와　깅요-비 데 시 따</small>
昨日は　金曜日でした。
어제는　　금요일이었습니다.

C　<small>공게쯔와　낭가쯔데 스 까</small>
今月は　何月ですか。
이번 달은　몇 월입니까?

<small>공게쯔와　시가쯔데 스</small>
今月は　四月です。
이번 달은　4월입니다.

<small>라이게쯔와　고가쯔데 스</small>
来月は　五月です。
다음달은　　5월입니다.

<small>셍게쯔와　낭가쯔데 시 따 까</small>
先月は　何月でしたか。
지난달은　몇 월이었습니까?

<small>셍게쯔와　상가쯔데 시 따</small>
先月は　三月でした。
지난달은　　3월이었습니다.

한자읽기	ふつか 二日	なんようび 何曜日	どようび 土曜日	きんようび 金曜日	ごんげつ 今月	なんがつ 何月	らいげつ 来月	せんげつ 先月	さんがつ 三月

05. きょうは なん月 なん日ですか。

_{이찌넹 와} _{낭 까게쯔데 스 까}
一年は なんか月ですか。
일년은 몇 개월입니까?

_{이찌넹 와} _{쥬-니 까게쯔데} _{하 루} _{나 쯔} _{아 끼} _{후유가} _{아리마 스}
一年は 十二か月で、 はる、 なつ、 あき、 ふゆが あります。
일년은 12개월이고, 봄, 여름, 가을, 겨울이 있습니다.

D
_{고 또시 와} _{난 넨데 스 까}
今年は 何年ですか。
올해는 몇 년입니까?

_{고 또시 와} _{세이레끼} _{니센쥬- 넨 데 스}
今年は 西暦 2010年です。
금년은 서기 2010년입니다.

_{아나따노} _{오딴죠-비 와} _{이 쯔데스 까}
あなたの お誕生日は いつですか。
당신의 생일은 언제입니까?

_{와따시노} _{딴 죠- 비 와} _{이찌가쯔} _{쥬-시찌니찌 데 스}
私の 誕生日は 一月 十七日です。
나의 생일은 1월 17일입니다.

_{고 또시} _{난 사이데스 까}
ことし なんさいですか。
올해 몇 살입니까?

_{고 또시} _{니쥬-니 사 이 데 스}
ことし 二十二さいです。
올해 22살입니다.

| 한자읽기 | _{いちねん}
一年 | _{げつ}
か月 | _{ことし}
今年 | _{なんねん}
何年 | _{せいれき}
西暦 | _{いちがつ}
一月 | _{じゅうしちにち}
十七日 | _{にじゅうに}
二十二 |

문/형/연/습

문형연습

01
- きょう は なん日ですか。
- あした
- あさって

어휘익히기

01
- きょう 오늘
- あした 내일
- あさって 모레
- なん日(にち)ですか 며칠입니까?

02
- きのう は なん日でしたか。
- おととい
- さきおととい

02
- きのう 어제
- おととい 그저께
- さきおととい 그끄저께
- なん日(にち)でしたか 며칠이었습니까?

03
- 今月 は なん月ですか。
- 来月

03
- 今月(こんげつ) 이달
- 来月(らいげつ) 다음달
- なん月(がつ)ですか 몇 월입니까?
- 先月(せんげつ) 지난달
- せんせん月(げつ) 지지난달
- なん月(がつ)でしたか 몇 월이었습니까?

- 先月 は なん月でしたか。
- せんせん月

풀이
01. [오늘/내일/모레]는 며칠입니까? 02. [어제/그저께/그끄저께]는 며칠이었습니까?
03. [이달/다음달]은 몇 월입니까? [지난달/지지난달]은 몇 월이었습니까?

05. きょうは なん月 なん日ですか。

04 きょうは 何曜日ですか。
(쿄-와 낭요-비데스까)
오늘은 　 무슨 요일입니까?

きょうは [月曜日 / 火曜日 / 水曜日 / 木曜日] です。
(쿄-와) [게쯔요-비 / 가요-비 / 스이요-비 / 모꾸요-비] (데스)

어휘익히기

○ 04
月曜日(げつようび) 월요일
火曜日(かようび) 화요일
水曜日(すいようび) 수요일
木曜日(もくようび) 목요일

05 わたしは [ことし / あした / らいげつ / らいねん] 日本へ いきます。
(와따시와) [고또시 / 아시따 / 라이게쯔 / 라이넹] (니홍에 이끼마스)

○ 05
ことし 금년
あした 내일
らいげつ 다음달
らいねん 내년
いきます 갑니다

06 きょうは ふつかで、あしたは みっかです。
(쿄- 와 후쯔까 데 아시따 와 믹까 데스)
[こんげつ / 四月 / 来月 / 五月]
[공게쯔 / 시가쯔 / 라이게쯔 / 고가쯔]

○ 06
きょう 오늘
こんげつ 이달
ふつか 이틀
四月(しがつ) 4월
みっか 사흘
五月(ごがつ) 5월

07 [あなた / 先生 / おとうさん]の おたんじょうびは いつですか。
[아나따 / 셴세- / 오또-상] (노 오딴죠-비와 이쯔데스까)

○ 07
あなた 당신
おとうさん 아버지

풀이 04. 오늘은 [월요일/화요일/수요일/목요일]입니다. 05. 나는 [금년/내일/다음달/내년] 일본에 갑니다. 06. [오늘/이달]은 [이틀/4월]이고, [내일/다음달]은 [사흘/5월]입니다. 07. [당신/선생님/아버지]의 생일은 언제입니까?

문/법/교/실

❶ 일본어의 날짜 읽는 법

1일부터 10일까지와 20일만은 일본 고유어로 나타낸다.

쯔이따찌 一日(ついたち)	쥬-시찌니찌 十七日(じゅうしちにち)
후쯔 까 二日(ふつか)	쥬-하찌니찌 十八日(じゅうはちにち)
믹 까 三日(みっか)	쥬- 꾸 니찌 十九日(じゅうくにち)
욕 까 四日(よっか)	하쯔 까 二十日(はつか)
이쯔 까 五日(いつか)	니 쥬-이찌니찌 二十一日(にじゅういちにち)
무이 까 六日(むいか)	니 쥬- 니 니찌 二十二日(にじゅうににち)
나노 까 七日(なのか)	니 쥬- 산 니찌 二十三日(にじゅうさんにち)
요- 까 八日(ようか)	니 쥬- 욕 까 二十四日(にじゅうよっか)
고꼬노까 九日(ここのか)	니 쥬- 고 니찌 二十五日(にじゅうごにち)
도 까 十日(とおか)	니 쥬-로꾸니찌 二十六日(にじゅうろくにち)
쥬-이찌니찌 十一日(じゅういちにち)	니 쥬-시찌니찌 二十七日(にじゅうしちにち)
쥬- 니 니찌 十二日(じゅうににち)	니 쥬-하찌니찌 二十八日(にじゅうはちにち)
쥬- 산 니찌 十三日(じゅうさんにち)	니 쥬- 꾸 니찌 二十九日(にじゅうくにち)
쥬- 욕 까 十四日(じゅうよっか)	산 쥬-니찌 三十日(さんじゅうにち)
쥬- 고 니찌 十五日(じゅうごにち)	산 쥬-이찌니찌 三十一日(さんじゅういちにち)
쥬-로꾸니찌 十六日(じゅうろくにち)	난 니찌 何日(なんにち)

참고 '一日'은 'ついたち(1일)', 'いちにち(하루)' 두 가지로 발음된다.

きょうは 五月 一日です。 오늘은 5월 초하루입니다.
一日は 二十四時間です。 하루는 24시간입니다.

주의 14일, 20일, 24일은 주의해서 읽는다.

❷ 일본어 '月' 읽는 법

'月'은 'がつ, げつ, つき'로 읽는다.

(1) 'がつ'는 책력상의 월, 즉 1월, 2월, 3월, 4월, ……12월 등의 명칭에 쓰인다.

05. きょうは なん月 なん日ですか。

이찌가쯔 一月(いちがつ)	고 가쯔 五月(ごがつ)	구 가쯔 九月(くがつ)
니 가쯔 二月(にがつ)	로꾸가쯔 六月(ろくがつ)	쥬-가쯔 十月(じゅうがつ)
상 가쯔 三月(さんがつ)	시찌가쯔 七月(しちがつ)	쥬-이찌가쯔 十一月(じゅういちがつ)
시 가쯔 四月(しがつ)	하찌가쯔 八月(はちがつ)	쥬- 니 가쯔 十二月(じゅうにがつ)

(2) 'げつ'는 '～かげつ'의 형태로, 달수(1개월, 2개월, ……12개월)를 나타내고, 또한 이달, 다음달, 지난달 등으로도 쓰인다.

익 까게쯔 一か月(いっかげつ)	고 까게쯔 五か月(ごかげつ)	큐- 까게쯔 九か月(きゅうかげつ)
니 까게쯔 二か月(にかげつ)	록 까게쯔 六か月(ろっかげつ)	죽 까게쯔 十か月(じゅっかげつ)
상 까게쯔 三か月(さんかげつ)	나나 까게쯔 七か月(ななかげつ)	쥬- 익 까게쯔 十一か月(じゅういっかげつ)
용 까게쯔 四か月(よんかげつ)	학 까게쯔 八か月(はっかげつ)	쥬- 니 까게쯔 十二か月(じゅうにかげつ)

'月'이 독립되어 한 글자로 쓰일 때에는 'つき'로 읽는다.

　　あつい 月は 何月ですか。
　　더운 달은 몇 월입니까?

❸ 연(年)과 요일 읽는 법

이찌 넹 一年(いちねん)	고 넹 五年(ごねん)	큐- 넹 九年(きゅうねん)
니 넹 二年(にねん)	로꾸 넹 六年(ろくねん)	쥬- 넹 十年(じゅうねん)
산 넹 三年(さんねん)	시찌 넹 七年(しちねん)	쥬-이찌 넹 十一年(じゅういちねん)
요 넹 四年(よねん)	하찌 넹 八年(はちねん)	쥬- 니 넹 十二年(じゅうにねん)

니찌요- 비 日曜日(にちようび)	스이요- 비 水曜日(すいようび)	도 요- 비 土曜日(どようび)
게쯔요- 비 月曜日(げつようび)	모꾸요- 비 木曜日(もくようび)	낭 요- 비 何曜日(なんようび)
가 요- 비 火曜日(かようび)	깅 요- 비 金曜日(きんようび)	

문/법/교/실

❹ 때를 나타내는 단어

오또또시 一昨年(おととし) 재작년	쿄 넨 去年(きょねん) 작년	고또시 今年(ことし) 금년	라이 넨 来年(らいねん) 내년	사 라이 넨 再来年(さらいねん) 내후년
센 셍 게쯔 先々月(せんせんげつ) 지지난 달	셍 게쯔 先月(せんげつ) 지난 달	콩 게쯔 今月(こんげつ) 이번 달	라이게쯔 来月(らいげつ) 다음 달	사 라이게쯔 再来月(さらいげつ) 다다음 달
센 센 슈- 先々週(せんせんしゅう) 지지난 주	센 슈- 先週(せんしゅう) 지난 주	콘 슈- 今週(こんしゅう) 이번 주	라이슈- 来週(らいしゅう) 다음 주	사 라이슈- 再来週(さらいしゅう) 다다음 주
오또또이 一昨日(おととい) 그저께	기노- 昨日(きのう) 어제	쿄- 今日(きょう) 오늘	아시따 明日(あした) 내일	아삿떼 明後日(あさって) 모레

❺ 계절을 나타내는 단어

하루 春(はる) 봄 ── 나쯔 夏(なつ) 여름 ── 아끼 秋(あき) 가을 ── 후유 冬(ふゆ) 겨울

❻ ～でした ～이었습니다

'～でした'는 '～です'의 과거형으로 '～이었습니다'라는 뜻이다. 따라서 'なん日でしたか'는 'なん日ですか'의 과거형으로 '며칠이었습니까?'라는 뜻이다.

회 화

아 시 따 와   니찌요-비 데 스 까 라   하나미니   이 끼 마 쇼 - 까
A : あしたは 日曜日ですから 花見に 行きましょうか。

잔 넨 데 스 가   게쯔요- 비 까 라   시 껭 가   아 리 마 스 노 데   벵꾜- 시
B : 残念ですが、月曜日から 試験が ありますので、勉強し
나 께 레 바 나 라 나 이 데 스
なければならないです。

───────

A : 내일은 일요일이니까, 꽃구경 가시겠습니까?
B : 유감스럽습니다만, 월요일부터 시험이 있기 때문에 공부해야 합니다.

연/습/문/제

01 다음 물음에 일본어로 답하시오.

(1) きょうは ここのかです。あしたは なん日ですか。

(2) きのうは ようかでした。おとといは なん日でしたか。

(3) きょうは 水曜日です。あしたは なん曜日ですか。

(4) こん月は 八月です。らい月は なん月ですか。

02 다음 보기와 같이 두 글을 하나로 만드시오.

[보기] きょうは みっかです。あしたは よっかです。
→ きょうは みっかで、あしたは よっかです。

(1) きょうは ここのかです。あしたは とおかです。

(2) ことしは 2008年です。らい年は 2009年です。

(3) こんげつは 五月です。らいげつは 六月です。

도움말

01
- ついたち, ふつか, みっか, …とおか
- おととい 그저께
- くがつ 9月

02
- ~이고 → で
  ~이다 → だ
- 2008年(にせんはちねん)

해답
01. (1) とおかです。 (2) なのかでした。 (3) もくようびです。 (4) くがつです。
02. (1) きょうは ここのかで、あしたは とおかです。 (2) ことしは 2008年で、らい年は 2009年です。 (3) こんげつは 五月で、らいげつは 六月です。

06 なん時に 起きますか。

중요문형

1. 今 なん時 ですか。
   지금 몇 시 입니까?

2. 私は 毎朝 早く 起きます。
   나는 매일 아침 일찍 일어납니다.

3. 私は 毎日 学校で 六時間 勉強します。
   나는 매일 학교에서 6시간 공부 합니다.

4. 私は 会社へ 早く 行きます。
   나는 회사에 일찍 갑니다.

5. うちから 学校までは 遠いですか。
   집 에서 학교 까지는 멉니까?

A 今 なん時ですか。
지금 몇 시입니까?

今 九時 五分 前です。
지금 9시 5분 전입니다.

今 九時 五分 過ぎました。
지금 9시 5분 지났습니다.

한자읽기 今 時 毎朝 早く 起きる 毎日 学校 六時間 勉強 会社 行く 遠い 九時 五分 前 過ぎる

06. なん時に 起きますか。

今 ちょうど 九時です。
지금 정확히 9시입니다.

今 九時 十分です。
지금 9시 10분입니다.

B あなたは あさ なん時に 起きますか。
당신은 아침 몇 시에 일어납니까?

私は あさ 六時半に 起きます。
나는 아침 6시 반에 일어납니다.

なん時に 学校へ 行きますか。
몇 시에 학교에 갑니까?

八時に 学校へ 行きます。
8시에 학교에 갑니다.

学校は なん時に 始まりますか。
학교는 몇 시에 시작합니까?

ごぜん 九時に 始まります。
오전 9시에 시작합니다.

なん時に おわりますか。
몇 시에 끝납니까?

ごご 四時半に おわります。
오후 4시 반에 끝납니다.

한자읽기	十分	六時半	始まる	四時半
	じゅっぷん	ろくじはん	はじ	よじはん

Text 06

C

<ruby>あなたは</ruby> <ruby>毎日</ruby> <ruby>なん時に</ruby> <ruby>うちへ</ruby> <ruby>帰りますか。</ruby>
아나따와 / 마이니찌 / 난 지니 / 우찌에 / 가에리 마스 까
당신은 매일 몇 시에 집에 돌아옵니까?

私は 毎日 五時ごろ うちへ 帰ります。
와따시와 / 마이니찌 / 고 지고로 / 우찌에 / 가에리 마스
나는 매일 5시쯤 집에 돌아갑니다.

あなたは 毎晩 何時ごろ ねますか。
아나따와 / 마이방 / 난지고로 / 네마스까
당신은 매일 밤 몇 시쯤 잡니까?

私は 毎晩 十時ごろ ねます。
와따시와 / 마이방 / 쥬-지고로 / 네마스
나는 매일 밤 10시쯤 잡니다.

あなたは あさ 早く 起きますか、おそく 起きますか。
아나따와 / 아사 / 하야꾸 / 오끼마스까 / 오소꾸 / 오끼마스까
당신은 아침 일찍 일어납니까, 늦게 일어납니까?

私は あさ 早く 起きます。
와따시와 / 아사 / 하야꾸 / 오끼마스
나는 아침 일찍 일어납니다.

D

あなたは 毎日 何時間 勉強しますか。
아나따와 / 마이니찌 / 난지깡 / 벵꾜-시마스까
당신은 매일 몇 시간 공부합니까?

私は 毎日 三時間 勉強します。
와따시와 / 마이니찌 / 산지깡 / 벵꾜-시마스
나는 매일 3시간 공부합니다.

何時から 何時まで しますか。
난지까라 / 난지마데 / 시마스까
몇 시에서 몇 시까지 합니까?

七時から 十時まで します。
시찌지까라 / 쥬-지마데 / 시마스
7시에서 10시까지 합니다.

한자읽기 帰る(かえる) 毎晩(まいばん) 何時(なんじ) 十時(じゅうじ) 早く(はやく) 起きる(おきる) 何時間(なんじかん) 勉強(べんきょう) 三時間(さんじかん)

06. なん時に 起きますか。

E

うちから 学校まで バスで 行きますか、ちかてつで
집에서 학교까지 버스로 갑니까, 지하철로

行きますか。
갑니까?

いつも バスで 行きます。
언제나 버스로 갑니다.

バスで どのくらい かかりますか。
버스로 어느 정도 걸립니까?

約 三十分ぐらい かかります。
약 30분 정도 걸립니다.

F

あなたの うちから 学校まで あるいて どのくらい かかりますか。
당신의 집에서 학교까지 걸어서 어느 정도 걸립니까?

あるいて 五十分ぐらい かかります。
걸어서 50분 정도 걸립니다.

それで バスに 乗って 行きます。
그래서 버스를 타고 갑니다.

学校では 何を 習いますか。
학교에서는 무엇을 배웁니까?

いろいろな 科目を 習います。
여러 가지 과목을 배웁니다.

한자읽기 約 三十分 五十分 乗る 何 習う 科目

문/형/연/습

01 今 何時ですか。
　　　지금 몇 시입니까?

今 九時 五分前 です。
ちょうど 十二時
九時 二十五分 過ぎ

어휘익히기

○ 01
今(いま) 지금
前(まえ) 전
過(す)ぎる 지나다

02 あなたは 朝 何時に 起きますか。
　　　당신은 아침 몇 시에 일어납니까?

あなたは
毎日 何時に 学校へ 行きますか。
毎晩 何時ごろ ねますか。
毎日 何時に うちへ 帰りますか。

○ 02
朝(あさ) 아침
行(い)きますか 갑니까?
毎晩(まいばん) 매일 밤
ねますか 잡니까?
うち 집
帰(かえ)りますか
　돌아갑니까?

03 私は 朝 六時半に 起きます。
　　　나는 아침 6시 반에 일어납니다.

私は
毎日 八時に 学校へ 行きます。
毎晩 十一時ごろ ねます。
毎日 ごご 四時ごろ 帰ります。
毎日 家で 三時間ぐらい 勉強します。

○ 03
ごろ 쯤
ごご 오후

풀이 **01.** 지금 [9시 5분 전/정확히 12시/9시 25분 지났습]니다. **02.** 당신은 [매일 몇 시에 학교에 갑니까?/매일 밤 몇 시쯤 잡니까?/매일 몇 시에 집에 돌아갑니까?] **03.** 나는 [매일 8시에 학교에 갑니다/매일 밤 11시쯤 잡니다/매일 오후 4시쯤 귀가합니다/매일 집에서 3시간 정도 공부합니다].

06. なん時に 起きますか。

04
^{우찌까라} ^{각꼬-마데} ^{바스데} ^{도노꾸라이} ^{가까리마스까}
うちから 学校まで バスで どのくらい かかりますか。
집에서   학교까지   버스로   어느 정도   걸립니까?

^{우찌} ^{까라} うち から	^{가이샤} 会社	^{마데} ^{찌까떼쯔데} ^{도노꾸라이} まで ちかてつで どのくらい
^{고꼬} ここ	^{에끼} えき	^{가까리마스까} かかりますか。
^{각꼬-} 学校	^{도쇼깡} としょかん	

05
^{우찌까라} ^{각꼬-마데} ^{니쥬뽕} ^{가까리마스}
うちから 学校まで 二十分 かかります。
집에서   학교까지   20분   걸립니다.

^{우찌} ^{까라} うち から	^{가이샤} 会社	^{마데} まで	^{산쥬뽕} 三十分	^{가까리마스} かかります。
^{고꼬} ここ	^{에끼} えき		^{니쥬뽕} 二十分	
^{각꼬-} 学校	^{도쇼깡} としょかん		^{쥬뽕} 十分	

06
^{도쇼깡에와} ^{이끼마셍}
図書館へは 行きません。
도서관에는   가지 않습니다.

^{니찌요-비니와} ^{이끼} ^{마셍}
日曜日には 行き ません。

^{데레비와} ^미
テレビは 見

^{옹가꾸와} ^{기끼}
音楽は 聞き

어휘익히기

◯ 04
で
① 수단, 방법, 재료 : ～로
② 장소 : ～에서
③ 원인, 이유 : ～(이)므로
④ 상태 : ～로
～から…まで ～부터…까지
えき 역
としょかん(図書館) 도서관
ちかてつ(地下鉄) 지하철

◯ 05
二十分(にじゅっぷん) 20분

◯ 06
行(い)きません
 가지 않습니다
見(み)ません 보지 않습니다
聞(き)きません
 듣지 않습니다
 →ません은 ます의 부정
音楽(おんがく) 음악

풀이 04. [집/여기/학교]에서 [회사/역/도서관]까지 지하철로 어느 정도 걸립니까? 05. [집/여기/학교]에서 [회사/역/도서관]까지 [30분/20분/10분] 걸립니다. 06. [일요일에는 가지/텔레비전은 보지/음악은 듣지] 않습니다.

문/법/교/실

❶ 何時に   몇 시에

조사 'に'는 여러 가지 용법으로 쓰인다.

(1) 장소 : 教室に つくえが ある。 교실에 책상이 있다.
　　 때 : 朝、六時に 起きる。 아침 6시에 일어난다.
(2) 작용의 결과 : 先生に なる。 선생님이 되다.
(3) 피동의 대상 : 母に しかられた。 어머니에게 야단맞았다.
(4) 귀착점 : ソウル駅に つく。 서울역에 도착하다.

　참고　朝(あさ ; 아침), 昼(ひる ; 낮), 夜(よる ; 밤), 六時ごろ와 같이 때를 뚜렷이 가리키지 않을 경우에는 'に'를 붙이지 않는다.
あした 五時ごろ 行く。 내일 5시경에 간다.
夜は なにを しましたか。 밤에는 무엇을 했습니까?

❷ ～から …まで   ~부터 …까지

시작과 끝을 나타내는 '～から …まで'는 동작이 행해지는 장소의 출발점과 종착점을 가리키는 조사이다.

うちから 公園まで 何時間 かかりますか。
집에서 공원까지 몇 시간 걸립니까?
何時から 何時まで 日本語を 習いますか。
몇 시부터 몇 시까지 일본어를 배웁니까?

❸ ごろ와 ぐらい의 차이

'ごろ'는 대체로 본 시각을 나타낼 때 쓰이고, 'ぐらい'는 대체적인 시간의 길이를 나타낼 때 쓴다.

私は 九時ごろ 行きます。 나는 9시경에 갑니다.
私は 8時間ぐらい ねます。 나는 8시간 정도 잡니다.

요점정리

❋ ～に 会(あ)う
　 ～을 만나다
　 ～に 乗(の)る
　 ～을 타다
　 ～に なる
　 ～이 되다

❋ 명사+から
　 ～로부터, ～로서(재료)
　 동사+から
　 ～이기 때문에
　 형용사+から
　 ～이기 때문에

❋ 동사　┐
　 형용사 ┘+ころ
　 명사 + ごろ

　 동사　┐
　 형용사 ┘+くらい
　 명사 + ぐらい

→ ころ와 ごろ, くらい와 ぐらい는 위와 같이 앞에 붙는 품사에 따라 구분되는 경우가 많습니다.

06. なん時に 起きますか。

❹ 時와 分 읽는 법

時(시)		分(분)	
一時 (이찌 지)	いちじ	一分 (입 뿡)	いっぷん
二時 (니 지)	にじ	二分 (니 훙)	にふん
三時 (산 지)	さんじ	三分 (삼 뿡)	さんぷん
四時 (요 지)	よじ	四分 (욤 뿡)	よんぷん
五時 (고 지)	ごじ	五分 (고 훙)	ごふん
六時 (로꾸 지)	ろくじ	六分 (롭 뿡)	ろっぷん
七時 (시찌 지)	しちじ	七分 (나나 훙)	ななふん
八時 (하찌 지)	はちじ	八分 (합 뿡)	はっぷん
九時 (구 지)	くじ	九分 (큐- 훙)	きゅうふん
十時 (쥬- 지)	じゅうじ	十分 (즙 뿡)	じゅっぷん
十一時 (쥬-이찌 지)	じゅういちじ	二十分 (니쥼 뿡)	にじゅっぷん
十二時 (쥬- 니 지)	じゅうにじ	六十分 (로꾸쥼 뿡)	ろくじゅっぷん
二十四時 (니쥬-요 지)	にじゅうよじ	一時半 (이찌 지 항)	いちじはん
何時 (난 지)	なんじ	何分 (남 뿡)	なんぷん

❺ 조사 へ ~에, ~로

조사 'へ'는 동작이 행해지는 방향 또는 장소를 나타낸다. 'へ'는 보통 '헤'로 발음하지만, 조사로 쓰일 때에는 '에'로 발음한다.

公園へ 行きます。
공원에 갑니다.

会社へ 行きます。
회사에 갑니다.

요점정리

✻ 四時 ─ よじ(○)
       └ よんじ(✕)

  九時 ─ くじ(○)
       └ きゅうじ(✕)

  三分 ─ さんぷん(○)
       └ さんぶん(✕)

  四分 ─ よんぷん(○)
       └ よんぶん(✕)

  六分 ─ ろっぷん(○)
       └ ろくふん(✕)

  八分 ─ はっぷん(○)
       └ はちふん(✕)

  九分 ─ きゅうふん(○)
       └ くふん(✕)

  十分 ─ じゅっぷん(○)
       ├ じっぷん(○)
       └ じゅうふん(✕)

✻ 조사 'に'는 주로 귀착점을 표시할 때 쓰이고, 조사 'へ'는 주로 동작의 방향을 나타낼 때 쓰인다.

문/법/교/실

❻ 何(なに/なん)

우리말의 '무엇·몇'에 해당하며 뒤에 오는 말에 따라 발음이 달라진다.

- 뒤에 'が·も·を'가 오면 'なに'로
- 뒤에 'だ·で·と·の' 등이 오면 'なん'으로 읽는다.
- 뒤에 'に·か' 등이 올 때는 두 가지 방법으로 모두 읽을 수 있다.

なにが　ありますか。무엇이 있습니까?
なにも　ありません。아무것도 없습니다
なんですか。무엇입니까?
なんと　いいますか。무엇이라고 합니까?
なんの　ざっしですか。무슨 잡지입니까?

요점정리

✹ 何(なに) ─ が
　　　　　　 も
　　　　　　 を

　何(なん) ─ だ
　　　　　　 で
　　　　　　 と
　　　　　　 の

회화

A : すみません。今　なん時ですか。
B : いま、ちょうど　四時です。
A : ここから　空港まで　遠いですか。
B : いいえ、とおく　ありません。
A : 車で　なん分ぐらい　かかりますか。
B : 車で　十五分ぐらい　かかります。

A : 미안합니다. 지금 몇 시입니까?
B : 지금 정각 4시입니다.
A : 여기서 공항까지 멉니까?
B : 아니요, 멀지 않습니다.
A : 차로 몇 분 정도 걸립니까?
B : 차로 15분 정도 걸립니다.

연/습/문/제

01 다음 빈 칸에 알맞은 말을 넣어 대화를 완성하시오.

(1) A : 今 _____ ですか。
　　　(지금 몇 시입니까?)

　　B : 四時半です。
　　　(4시 반입니다.)

(2) A : あなたの 家____ 学校____ 何分ぐらい かかりますか。
　　　(당신의 집에서 학교까지 몇 분 정도 걸립니까?)

　　B : 二十分ぐらい かかります。
　　　(20분 정도 걸립니다.)

02 다음 우리말을 일본어로 옮기시오.

(1) 나는 아침 6시에 일어납니다.

(2) 버스로 학교에 갑니다.

(3) 매일 아침 라디오 뉴스를 듣습니다.

도움말

01
(1) 何時ですか。
　　몇 시입니까?

(2) ~から …まで
　　~부터 …까지

02
(1) 일어나다 : 起(お)きる

(2) 가다 : 行(い)く

(3) 듣다 : 聞(き)く

해답 01. (1) なんじ (2) から、まで　02. (1) 私は 朝 六時に おきます。 (2) バスで 学校へ 行きます。 (3) 毎朝 ラジオの ニュースを ききます。

동사(動詞)

❶ 정의(定義)

활용이 있는 자립어(自立語)로서 단독으로 술어가 될 수 있고, 'う단'으로 끝나는 것이 특색이며 동작·존재를 나타낸다.

あ단	あ	か	さ	た	な	は	ま	や	ら	わ	が	ざ	だ	ば	ぱ
い단	い	き	し	ち	に	ひ	み		り		ぎ	じ	ぢ	び	ぴ
う단	う	く	す	つ	ぬ	ふ	む	ゆ	る		ぐ	ず	づ	ぶ	ぷ
え단	え	け	せ	て	ね	へ	め		れ		げ	ぜ	で	べ	ぺ
お단	お	こ	そ	と	の	ほ	も	よ	ろ	を	ご	ぞ	ど	ぼ	ぽ

言う	立つ	起きる	食べる	登る	乗る
말하다	서다	일어나다	먹다	오르다	타다

❷ 활용의 종류

(1) 5단동사(1류동사) : 'る' 앞 글자가 'あ단, う단, お단'에 속하거나, 'る'로 끝나지 않는 동사는 모두 5단이다.

(2) 1단동사(2류동사) : 반드시 'る'로 끝나며, 'る' 앞 글자가 'い단, え단'에 속한다.

(3) 변격동사(3류동사) : '来る'와 'する'뿐이다.

```
あ단+る
い단+る ──── おきる、みる(1단동사)
う단+る ──── あつまる、ふる、のる(5단동사)
え단+る ──── たべる、ねる(1단동사)
お단+る
```

다음은 'る' 앞 글자가 'い단'이나 'え단'에 속하지만 예외로 5단동사인 경우이다.

走る 달리다	帰る 돌아가다	入る 들어오다
反る 뒤집히다	孵る 부화하다	限る 한정하다
参る 가다, 오다	握る 잡다	捻る 비틀다
交じる 섞이다	要る 필요하다	放る 싸다
切る 자르다	蹴る 차다	照る 비치다
散る 흩어지다	湿る 습기차다	喋る 재잘거리다
知る 알다	減る 줄다	

> **참고** 3음절 이상의 어미 변화가 'い단+る'나 'え단+る'일지라도, 그 'い단, え단' 부분이 한자 안에 들어 있으면 예외 5단동사이다(交じる는 예외 중의 예외임). 2음절인 예외 5단동사는 식별하는 공식이 없으므로 암기할 수밖에 없다.

③ 어간과 어미

(1) 5단동사 : 맨 뒤에 있는 것이 어미이다.

言う 말하다   集まる 모이다

(2) 1단동사 : 뒤에서 두 번째까지가 어미이다.

起きる 일어나다   落ちる 떨어지다   食べる 먹다   教える 가르치다

> **참고** 어간·어미가 구별 안 되는 것(2음절인 것)
> 見る 보다   着る 입다   寝る 자다   出る 나가다   来る 오다   する 하다

④ 동사의 활용 예

(1) 5단동사 활용

① 書く 쓰다

```
         ┌ か   ない = 書かない  쓰지 않는다 ------------------ ない형
         │ き   ます = 書きます  씁니다 ------------------------ ます형
   書 ─ ┤ く    ○  = 書く      쓰다 ------------------------ 기본형
         │ け   ば  = 書けば    쓰면 ------------------------ 가정형
         │ け    ○  = 書け      써라 ------------------------ 명령형
         └ こ   う  = 書こう    쓰자, 쓰겠다, 쓰겠지 -------- 의지형
```

한 걸음 더~

② 会う 만나다

```
       ┌ わ  ない = 会わない  만나지 않는다 ----------------- ない형
       │ い  ます = 会います  만납니다 -------------------- ます형
会 ──┤ う   ○  = 会う  만나다 ----------------------- 기본형
       │ え   ば  = 会えば  만나면 ---------------------- 가정형
       │ え   ○  = 会え  만나라 ----------------------- 명령형
       └ お   う  = 会おう  만나자, 만나겠다, 만나겠지 ----- 의지형
```

　　*ない형의 어미는 'あ'가 아닌 'わ'가 된다.

③ ある 있다

```
       ┌ ら  ない = あらない (×) ------------------------ ない형
       │ り  ます = あります  있습니다 ----------------- ます형
あ ──┤ る   ○  = ある  있다 ------------------------ 기본형
       │ れ   ば  = あれば  있으면 --------------------- 가정형
       │ れ   ○  = あれ (×) ------------------------- 명령형
       └ ろ   う  = あろう  있겠지 ---------------------- 의지형
```

참고 'ある'의 ない형 'あら'에는 'ない'를 붙이지 못한다. 'ある'를 부정할 때에는 단지 'ない(없다 : 형용사)'만을 써야 한다.

　　本が あらない。(×)　　本が ない。(○)

④ 특수 5단동사 활용 : 다음 경어(敬語) 동사들은 특수 5단동사에 속한다.

いらっしゃる : 'いく(가다), くる(오다), いる(있다)'의 존경어
おっしゃる : 'いう(말하다)'의 존경어
なさる : 'する(하다)'의 존경어
くださる : 'くれる(주다)'의 존경어

```
              ┌ ら  ない = いらっしゃらない  가시지 않는다 ------ ない형
              │ い  ます = いらっしゃいます  가십니다 ---------- ます형
いらっしゃ ──┤ る   ○  = いらっしゃる  가시다 ---------------- 기본형
              │ れ   ば  = いらっしゃれば  가시면 -------------- 가정형
              │ い   ○  = いらっしゃい  가세요 ---------------- 명령형
              └ ろ   う  = いらっしゃろう  가시겠지 ------------ 의지형
```

(2) 1단동사 활용

① 起きる 일어나다

起<small>お</small>き ─┬─ ○   ない = 起きない 일어나지 않는다 ─────────── ない형
     ├─ ○   ます = 起きます 일어납니다 ───────────── ます형
     ├─ る   ○ = 起きる 일어나다 ──────────────── 기본형
     ├─ れ   ば = おきれば 일어나면 ─────────────── 가정형
     ├─ ろ/よ ○ = 起きろ 일어나라 ─────────────── 명령형
     └─ ○   よう = 起きよう 일어나자, 일어나겠다, 일어나겠지 ── 의지형

② 見る 보다

見<small>み</small> ─┬─ ○   ない = 見ない 보지 않는다 ─────────────── ない형
    ├─ ○   ます = 見ます 봅니다 ───────────────── ます형
    ├─ る   ○ = 見る 보다 ──────────────────── 기본형
    ├─ れ   ば = 見れば 보면 ───────────────── 가정형
    ├─ ろ/よ ○ = 見ろ 봐라 ───────────────── 명령형
    └─ ○   よう = 見よう 보자, 보겠다, 보겠지 ─────────── 의지형

③ 食べる 먹다

食<small>た</small>べ ─┬─ ○   ない = 食べない 먹지 않는다 ───────────── ない형
     ├─ ○   ます = 食べます 먹습니다 ─────────────── ます형
     ├─ る   ○ = 食べる 먹다 ────────────────── 기본형
     ├─ れ   ば = 食べれば 먹으면 ─────────────── 가정형
     ├─ ろ/よ ○ = 食べろ 먹어라 ─────────────── 명령형
     └─ ○   よう = 食べよう 먹자, 먹겠다, 먹겠지 ───────── 의지형

④ 寝る 자다

寝<small>ね</small> ─┬─ ○   ない = 寝ない 자지 않는다 ─────────────── ない형
    ├─ ○   ます = 寝ます 잡니다 ───────────────── ます형
    ├─ る   ○ = 寝る 자다 ──────────────────── 기본형
    ├─ れ   ば = 寝れば 자면 ───────────────── 가정형
    ├─ ろ/よ ○ = 寝ろ 자라 ───────────────── 명령형
    └─ ○   よう = 寝よう 자자, 자겠다, 자겠지 ─────────── 의지형

(3) 변격동사 활용

来る, する뿐이다.

① 来る 오다

- 来(こ) ない ＝ こない 오지 않는다 ---------------------- ない형
- 来(き) ます ＝ きます 옵니다 ---------------------- ます형
- 来(く) る ＝ くる 오다 ---------------------- 기본형
- 来(く) れば ＝ くれば 오면 ---------------------- 가정형
- 来(こ) い ○ ＝ こい 오라 ---------------------- 명령형
- 来(こ) よう ＝ こよう 오자, 오겠다, 오겠지 ---------- 의지형

② する 하다

- し ない ＝ しない 하지 않는다 ---------------------- ない형
- し ます ＝ します 합니다 ---------------------- ます형
- す る ＝ する 하다 ---------------------- 기본형
- すれ ば ＝ すれば 하면 ---------------------- 가정형
- しろ/せよ ○ ＝ しろ 해라 ---------------------- 명령형
- し よう ＝ しよう 하자, 하겠다, 하겠지 ---------- 의지형

> **참고** 'する'는 본래의 뜻이 '하다'이지만, 여러 가지 다른 뜻으로 쓰이므로 주의해야 한다.
>
> はり紙を する 방을 붙이다
> 真似を する 흉내를 내다
> 損を する 손해를 보다
> 朝寝坊を する 늦잠을 자다
> 大事に する 소중히 여기다
> 火傷を する 화상을 입다
> 音が する 소리가 나다
> 気が する 느낌이 들다
> においが する 냄새가 나다

いなびかりが する 번개가 치다
味が する 맛이 나다
めまいが する 현기증이 나다
寒気が する 오한이 나다
感じが する 느낌이 들다
怪我を する 상처를 입다
顔を する 표정을 짓다
口に する 입에 담다
手に する 손에 들다
耳に する 듣다
しばらく する 잠시 지나다

5 동사 ます형의 특수한 용법

(1) 중지법(中止法)

花は さき、鳥は 鳴いて います。
꽃은 피고, 새는 울고 있습니다.

雨は やみ、月も 出た。
비는 그치고, 달도 떴다.

(2) 명사 전화(名詞転化)

行きは バスで、帰りは 電車に する。
갈 때는 버스로, 올 때는 전차로 한다.

07 おたんじょうび おめでとうございます。

중요문형

1. <u>いらっしゃいませ。</u>
   어서 오십시오.

2. <u>ケーキが ほしいです。</u>
   케이크를 사고 싶습니다.

3. <u>いくらですか。</u>
   얼마입니까?

4. <u>すこし たかいですけど。</u>
   조금   비싸지만.

5. <u>おめでとうございます。</u>
   축하합니다.

A いらっしゃいませ。
   어서 오십시오.

どのような 物を お探しですか。
어떤   것을 찾고 계십니까?

あ、いえ、見てるだけです。
아, 아뇨, 보고 있을 뿐입니다.

そうですか。どうぞ ごゆっくり ごらんください。
그러세요?   천천히   보십시오.

한자읽기 物(もの) 探(さが)す 見(み)る

07. おたんじょうび おめでとうございます。

何か ありましたら、 いつでも お声かけてください。
무슨 일이 있으시면, 언제든지 말씀해 주세요.

B あのう、 たんじょうびの おくりものを 買いたいんですが、
저, 생일 선물을 사고 싶은데

何が いいでしょうか。
무엇이 좋을까요?

そうですね。 人形は いかがですか。
글쎄요. 인형은 어떠세요?

ああ、 いいですね。 いくらですか。
아, 좋아요. 얼마입니까?

2万円です。
2만 엔입니다.

C うわ、高いですね。 もう すこし 安いのは ありませんか。
우와, 비싸군요. 조금 더 싼 것은 없습니까?

じゃ、これは どうですか。
그럼 이것은 어떻습니까?

これは 1万5000円ですが。
이것은 만 오천 엔입니다만.

한자읽기 声 買う 人形 2万円 高い 安い

Text 07

じゃ、それを ください。
그럼 그것을 주세요.

たんじょうびの プレゼントですので、
생일 선물이므로

プレゼント用に 包んでもらえますか。
선물용으로 포장해 줄 수 있습니까?

はい、おつつみ いたします。
네, 싸 드리겠습니다.

D あきこさん、おたんじょうび おめでとうございます。
아키코 씨, 생일 축하합니다.

これは 日本の 人形ですけど、どうぞ。
이것은 일본 인형인데 받으세요.

どうも ありがとう。
정말로 고마워요.

| 한자읽기 | 用 | 包む | 日本 |

문/형/연/습

01
<ruby>お<rt>오</rt></ruby><ruby>たん<rt>딴</rt></ruby><ruby>じょうび<rt>죠ー비</rt></ruby>　<ruby>おめでとう<rt>오메데또ー</rt></ruby><ruby>ございます<rt>고자이마스</rt></ruby>。
생일　　　　　　축하합니다.

<ruby>そつぎょう<rt>소쯔교ー</rt></ruby>　<ruby>おめでとう<rt>오메데또ー</rt></ruby><ruby>ございます<rt>고자이마스</rt></ruby>。
<ruby>けっこん<rt>겟꽁</rt></ruby>

어휘익히기

01
たんじょうび 생일
そつぎょう 졸업
けっこん 결혼

02
<ruby>ちょっと<rt>쫏또</rt></ruby>　<ruby>たかいですね<rt>다까이데스네</rt></ruby>。
조금　　　비싸군요.

<ruby>ちょっと<rt>쫏또</rt></ruby>　<ruby>重い<rt>오모이</rt></ruby>　<ruby>ですね<rt>데스네</rt></ruby>。
<ruby>小さい<rt>찌ー사이</rt></ruby>

02
たかい 비싸다
重(おも)い 무겁다
小(ちい)さい 작다

03
<ruby>もう<rt>모ー</rt></ruby>　<ruby>すこし<rt>스꼬시</rt></ruby>　<ruby>安いのは<rt>야스이노와</rt></ruby>　<ruby>ありませんか<rt>아리마셍까</rt></ruby>。
좀더　　　　싼 것은　　없습니까?

<ruby>もう<rt>모ー</rt></ruby>　<ruby>すこし<rt>스꼬시</rt></ruby>　<ruby>かるいのは<rt>가루이노와</rt></ruby>　<ruby>ありませんか<rt>아리마셍까</rt></ruby>。
<ruby>大きいのは<rt>오ー끼ー노와</rt></ruby>

03
安(やす)い 싸다
かるい 가볍다
大(おお)きい 크다

풀 이
01. [졸업/결혼] 축하합니다.　**02.** 조금 [무겁/작]군요.　**03.** 좀더 [가벼운 것은/큰 것은] 없습니까?

문/형/연/습

04 人形が ほしいんですけど。
(닝교-가 호시인 데스께도)
인형을 사고 싶은데요.

> ジュース が ほしいんですけど。
> (쥬-스 가 호시인 데스께도)
> ボールペン
> (보-루펭)

어휘익히기

○ **04**
人形(にんぎょう) 인형
ジュース 주스
ボールペン 볼펜

05 たんじょうびの プレゼントですので キャンドルも
(단죠-비노 프레젠또데스노데 갼도루모)
생일 선물이므로 양초도
おねがいします。
(오네가이시마스)
부탁합니다.

> けっこんの プレゼントですので 包んでもらえますか。
> (겟꽁노 프레젠또데스노데 쯔쯘데모라에마스까)
> そつぎょうの
> (소쯔교-노)

○ **05**
プレゼント 선물
キャンドル 양초
包(つつ)む 포장하다

06 ほしいんですけど。
(호시인 데스께도)
사고 싶은데요.

> すみませんけど。
> (스미마셍께도)
> 人形ですけど。
> (닝교-데스께도)

○ **06**
ほしい 원하다

풀이 04. [주스/볼펜]을 사고 싶은데요. 05. [결혼/졸업] 선물이므로 포장해 줄 수 있습니까?
06. [미안합니다만/인형인데요].

문/법/교/실

❶ おたんじょうび おめでとうございます

(1) おたんじょうび

앞에 붙어 있는 'お'는 존경의 뜻을 나타내는 접두어로, 상대방의 생일이므로 'お'를 붙인 것이다. 주로 고유어 앞에는 'お'를 붙이고 한자어 앞에는 'ご'를 붙인다. 그러나 존경의 뜻이 없이 단순히 말의 품위를 높이기 위하여 습관적으로 'お'와 'ご'를 붙이기도 한다.

| お名前 이름 | お話 말씀 | お元気 원기 |
| ご主人 남편 | ご両親 양친 | ご親切 친절 |

(2) おめでとうございます

'축하합니다'의 뜻으로 생일·결혼·졸업·신년인사 등을 말할 때 쓰인다. 친구끼리는 'おめでとう'라고 한다.

新年 あけまして おめでとうございます。
새해 복 많이 받으세요.

❷ ので ~이니까, ~이므로

'ので'는 객관적으로 명백한 원인·이유·근거의 관계를 나타낸다.

たんじょうびの プレゼントですので。
생일 선물이므로.

✽ ので와 から
'ので'는 객관적인 원인·이유·근거를 나타내고, 'から'는 주관적인 원인·이유·근거를 나타낸다.

❸ けど ~지만, ~인데

'けど'는 '~けれども'의 생략형으로 두 가지 사항이 병렬, 대비되는 관계를 나타낼 때 쓰이지만, 때로는 확실하게 말하지 않으려는 기분을 나타내기도 한다.

ほしいんですけど。 사고 싶은데요.
これは 人形ですけど、どうぞ。
이것은 인형인데 받으세요.

✽ けど
용언, 조동사의 기본형에 접속한다.

요점정리

문/법/교/실

❹ どうぞ　　받으세요, 드세요

'どうぞ'는 상대방에게 권유나 부탁할 때 쓰이는 말로 상황에 따라 '드세요, 들어오세요, 앉으세요, 받으세요' 등의 의미가 있다.

　　どうぞ お入(はい)りください。
　　어서 들어오세요.

　　どうぞ めしあがってください。
　　어서 드세요.

요점정리

✽ **どうぞ**
상황에 따라 다양한 의미로 사용되기 때문에 적절하게 잘 사용하면 아주 편리한 말이다.

회화

A : いらっしゃいませ。
　　 何か お探しものでも ございますか。
B : ネクタイが ほしいんですけど。
A : ネクタイなら こちらに あります。これは どうですか。
B : あ、いいですね。いくらですか。
A : 5,000円です。
B : じゃ、それを ください。

A : 어서 오세요. 뭐 찾으시는 거라도 있으세요?
B : 넥타이를 사고 싶은데요.
A : 넥타이라면 이쪽에 있습니다. 이건 어떠세요?
B : 아, 좋네요. 얼마입니까?
A : 5,000엔입니다.
B : 그럼, 그거 주세요.

연/습/문/제 Exercise

01 다음 중에서 생일·졸업·결혼 등의 축하 인사말을 고르시오.

① いらっしゃいませ。
② おめでとうございます。
③ いただきます。
④ ありがとうございます。
⑤ いくらですか。

> **도움말**
>
> **01**
> いただきます
> 　잘 먹겠습니다

02 다음 글을 읽고 물음에 알맞은 답을 고르시오.

> みせのひと： いらっしゃいませ。
> はなこ：　　 ぼうし ㉮　ほしいんですが。
> みせのひと： これは どうですか。
> はなこ：　　 いくらですか。
> みせのひと： 一万円です。
> はなこ：　　 ちょっと 高いですね。
> 　　　　　　 もう すこし ㉯ のは ありませんか。
> みせのひと： はい、これは 8千円です。
> はなこ：　　 それを ください。

(1) 밑줄 ㉮에 알맞은 조사는?
　① の　　② を　　③ に　　④ が　　⑤ から

(2) はなこ가 사려고 하는 것은 무엇입니까?
　① 모자　② 신발　③ 가방　④ 사진　⑤ 만년필

(3) 밑줄 ㉯에 들어갈 알맞은 단어는?
　① おもい　　② せまい　　③ かるい
　④ やすい　　⑤ ひくい

> **02**
> みせのひと 점원
> ぼうし 모자
> いくらですか 얼마입니까
> 高(たか)い 비싸다
>
> (3) おもい 무겁다
> 　　せまい 좁다
> 　　かるい 가볍다
> 　　ひくい 낮다

해답　01. ②　　02. (1) ④　(2) ①　(3) ④

08 きのうは すこし 寒かったです。

중요문형

① きょうは いい 天気です。
  오늘 은 좋은 날씨 입니다.

② きのうは いい 天気でした。
  어제 는 좋은 날씨 였습니다.

③ きのうは すこし 寒かったです。
  어제 는 조금 추웠습니다.

④ あしたは いい 天気でしょう。
  내일 은 좋은 날씨 겠지요.

⑤ あしたは たぶん 晴れるでしょう。
  내일 은 아마 갤 것입니다.

Ⓐ きょうは いい 天気です。
  오늘은 좋은 날씨입니다.

  きのうも いい 天気でした。
  어제도 좋은 날씨였습니다.

  おとといも いい 天気でしたか。
  그저께도 좋은 날씨였습니까?

  いいえ、おとといは いい 天気では ありませんでした。
  아니요, 그저께는 좋은 날씨가 아니었습니다.

한자읽기 天気 寒い 晴れる

08. きのうは すこし 寒かったです。

^{이찌니찌 쥬-} ^{아메가} ^{후리마시따} ^{가미나리모} ^{나리마시따}
一日じゅう 雨が 降りました。 かみなりも なりました。
하루종일 비가 내렸습니다. 천둥도 쳤습니다.

^{가제 모} ^{후끼마시따가}
風も ふきましたか。
바람도 불었습니까?

^{이-에} ^{가제와} ^{후끼마 센 데시따}
いいえ、 かぜは ふきませんでした。
아니요, 바람은 불지 않았습니다.

B
^{아시따와} ^{도-데 쇼 -가}
あしたは どうでしょうか。
내일은 어떻겠습니까?

^{아시따와} ^{다 붕} ^{하레루데 쇼-}
あしたは たぶん 晴れるでしょう。
내일은 아마 (날씨가) 갤 것입니다.

^{아삿떼와} ^{다 붕} ^{이-} ^{뎅끼데와} ^{나이데 쇼-}
あさっては たぶん いい 天気では ないでしょう。
모레는 아마 좋은 날씨가 아닐 것입니다.

C
^{교 - 와} ^{아쯔이데스까}
きょうは あついですか。
오늘은 덥습니까?

^{하이} ^{교-와} ^{아쯔이데스}
はい、 きょうは あついです。
네, 오늘은 덥습니다.

^{기노-모} ^{아쯔 깟 따데스까}
きのうも あつかったですか。
어제도 더웠습니까?

^{이-에} ^{기노-와} ^{스꼬시} ^{사무 깟 따데스}
いいえ、 きのうは すこし 寒かったです。
아니요, 어제는 조금 추웠습니다.

한자읽기 | ^{いちにち}一日 ^{あめ}雨 ^ふ降る ^{かぜ}風

85

Text 08

_{오 또 또 이 모　　사 무 갓 따 데 스 까}
おとといも　寒かったですか。
그저께도　　　추웠습니까?

_{하 이　오 또 또 이 모　　사 무 갓 따 데 스}
はい、おとといも　寒かったです。
네,　　그저께도　　　추웠습니다.

_{아 시 따 와　　도 - 데 쇼 - 까}
あしたは　どうでしょうか。
내일은　　어떻겠습니까?

_{아 시 따 와　　다 붕　　아 따 따 까 이 데 쇼 -}
あしたは　たぶん　あたたかいでしょう。
내일은　　아마　　따뜻할 것입니다.

D
_{강 꼬꾸 노　이 찌 넨 니 와　하루 또　나쯔 또　아끼 또　후유 노　욧 쯔 노 기 세 쯔 가　아 리 마 스}
韓国の　一年には　春と　夏と　秋と　冬の　四つの　季節が　あります。
한국의　1년에는　　봄과　여름과 가을과 겨울의 4계절이　　　있습니다.

_{하루 와　아 따 따 까 꾸 떼　이 -　기 세 쯔 데 스}
春は　あたたかくて　いい　季節です。
봄은　따뜻하고　　좋은　계절입니다.

_{나쯔 와　다 이 헹　　아 쯔 꾸 떼　히 가　나 가 이 데 스}
夏は　たいへん　あつくて、日が　長いです。
여름은　매우　　　덥고,　　날이　깁니다.

_{아끼 와　스 즈 시 꾸 떼　쯔끼 가　기 레 이 데 스}
秋は　すずしくて、月が　きれいです。
가을은　시원하고,　　달이　아름답습니다.

_{후유 와　사 무 꾸 떼　유끼 가　후 리 마 스}
冬は　寒くて、雪が　降ります。
겨울은　춥고,　　눈이　내립니다.

E
_{니 혼 노　기 꼬 - 와　도 - 데 스 까}
日本の　きこうは　どうですか。
일본의　기후는　　어떻습니까?

_{니 혼 노　기 꼬 - 와　강 꼬꾸 또　다 이 따 이　오 나 지 데 스}
日本の　きこうは　韓国と　だいたい　同じです。
일본의　기후는　　한국과　대체로　　같습니다.

| 한자읽기 | _{かんこく}韓国 | _{はる}春 | _{なつ}夏 | _{あき}秋 | _{ふゆ}冬 | _{よっ}四つ | _{きせつ}季節 | _ひ日 | _{なが}長い | _{つき}月 | _{ゆき}雪 | _ふ降る | _{にほん}日本 | _{おな}同じ |

문/형/연/습

01 きょうは さむいです。
오늘은 춥습니다.

きょうは [あつい / すずしい / あつく ない] です。

어휘익히기

○ 01
さむい 춥다
あつい 덥다
すずしい 시원하다
あつく ない 덥지 않다

02 きょうは いい 天気では ありません。
오늘은 좋은 날씨가 아닙니다.

[きのう は いい 天気では ありませんでした。 / あした ... ないでしょう。]

○ 02
きょう 오늘
きのう 어제
あした 내일
～でしょう ～겠지요

03 あついです。 あつく ないです。
덥습니다. 덥지 않습니다.

[さむい / くらい / あかるい] です。　[さむく / くらく / あかるく] ないです。

○ 03
くらい 어둡다
あかるい 밝다

풀이 　**01.** 오늘은 [덥습/시원합/덥지 않습]니다. 　**02.** [어제/내일]은 좋은 날씨가 [아니었습니다/아닐 것입니다]. 　**03.** [춥/어둡/밝]습니다. [춥지/어둡지/밝지] 않습니다.

문/형/연/습

04 あつかったです。　あつく　なかったです。
　　 아쯔 깟 따데스　　　 아쯔꾸　 나 깟 따데스
　　 더웠습니다.　　　　 덥지　 않았습니다.

　　大きかった　です。　大きく　なかった　です。
　　오-끼 깟 따　데스　　 오-끼꾸　나 깟 따　데 스
　　小さかった　　　　　小さく　なかった
　　찌-사 깟 따　　　　　찌-사꾸　나 깟 따

어휘익히기

○ 04
大(おお)きい 크다
小(ちい)さい 작다

05 まんねんひつは　たかい。　↔　えんぴつは　やすい。
　　 만 넹 히쯔와　 다까이　　　　 엠 삐쯔와　 야스이
　　 만년필은　　　　비싸다.　　　연필은　　　싸다.

　　この本　は　あたらしい。　↔　ふるい。
　　고노홍　와　 아따라시-　　　　 후루이
　　日本　　　　小さい。　　　　大きい。
　　니혼　　　　찌-사이　　　　　오-끼이
　　部屋　　　　あかるい。　　　 くらい。
　　헤야　　　　아까루이　　　　 구라이
　　この山　　　たかい。　　　　ひくい。
　　고노야마　　다까이　　　　　히꾸이

○ 05
たかい 비싸다, 높다
やすい 싸다
部屋(へや) 방
山(やま) 산
あたらしい 새롭다
あかるい 밝다
ふるい 오래 되다
くらい 어둡다
ひくい 낮다

06 寒くなると　コートを　きます。
　　 사무꾸나루또　 고-또오　 기마스
　　 추워지면　　　 코트를　 입습니다.

　　春が　くる　　　と　花が　咲き　ます。
　　하루가　구루　　　또　 하나가　사끼　마 스
　　夏休みが　始まる　　　山や　川へ　行き
　　나쯔야쓰미 가 하지마루　　야마야　가와에　이끼
　　試験が　おわる　　　　春休みに　なり
　　시켕가　오와루　　　　하루야쓰미니　나리

○ 06
着(き)る 입다
春(はる) 봄
夏休(なつやす)み
　여름 방학
始(はじ)まる 시작되다
試験(しけん) 시험
おわる 끝나다
花(はな) 꽃
咲(さ)く 피다
川(かわ) 강
春休(はるやすみ)み 봄방학
〜に　なる 〜이 되다

풀 이 04. [컸/작았]습니다. [크지 않았/작지 않았]습니다. 05. [이 책/일본/방/이 산]은 [새롭다/작다/밝다/높다]. ↔ [오래 되었다/크다/어둡다/낮다]. 06. [봄이 오/여름 방학이 시작되/시험이 끝나]면 [꽃이 핌/산과 강에 감/봄 방학이 됨]니다.

08. きのうは すこし 寒かったです。

07
　　　　　쿄－리데와　　나니가　　이찌방　　오이시－데스까
　　　りょうりでは　なにが　いちばん　おいしいですか。
　　　요리에서는　　　무엇이　　제일　　　맛있습니까?

　　구다모노　　　가 이찌방　오이시－데스
　くだもの　が　いちばん　おいしいです。
　　사 까나
　さかな
　　야 사이
　やさい
　　오 까시
　おかし

어휘익히기

○ 07
いちばん 제일
おいしい 맛있다
くだもの 과일
さかな 생선
やさい 채소
おかし 과자

회화

　　　　고고노　　뎅끼와　　도－데시따까
A：午後の　天気は　どうでしたか。
　　　아메가　　후리쯔즈끼마시따
B：あめが　ふりつづきました。
　　　게레도모　　가제와　후끼마센　데시따
　　けれども　かぜは　ふきませんでした。
　　　아시따와　　하레루데쇼－까　　구모루데쇼－까
A：あしたは　晴れるでしょうか、くもるでしょうか。
　　　소－데스네　　고노쬬－시쟈　　다붕　　구모루데쇼－
B：そうですね、この調子じゃ　たぶん　くもるでしょう。

A : 오후의 날씨는 어떠했습니까?
B : 비가 계속 내렸습니다.
　　하지만 바람은 불지 않았습니다.
A : 내일은 갤까요, 흐릴까요?
B : 글쎄요, 이 상태라면 아마 흐리겠지요.

| 풀이 | 07. [과일/생선/채소/과자]가 제일 맛있습니다. |

연/습/문/제 Exercise

01 다음 문장을 보기와 같이 고치시오.

[보기] 今日は すずしいです。
→ 今日は すずしかったです。

(1) 今日は あついです。

(2) 今日は すこし さむいです。

(3) 今日は あたたかいです。

(4) 今日は いそがしいです。

02 다음 い형용사의 반대어를 ひらがな로 쓰시오.

(1) あたらしい ↔

(2) さむい ↔

(3) やすい ↔

(4) おいしい ↔

(5) ほそい ↔

(6) ひくい ↔

도움말

01
い형용사의 현재형을 과거형으로 고치는 문제이다.
• すずしい 시원하다
(1) あつい 덥다
(2) さむい 춥다
(3) あたたかい 따뜻하다
(4) いそがしい 바쁘다

02
(1) あたらしい 새롭다
(2) あつい 덥다
(3) やすい 싸다, 쉽다
(4) おいしい 맛있다
  ↔ まずい 맛이 없다
(5) ほそい 가늘다
  ↔ ふとい 굵다
(6) ひくい 낮다

해답
01. (1) 今日は あつかったです。 (2) 今日は すこし さむかったです。 (3) 今日は あたたかかったです。 (4) 今日は いそがしかったです。 **02.** (1) ふるい (2) あつい (3) たかい (4) まずい (5) ふとい (6) たかい

한 걸음 더~

い형용사

❶ 정의(定義)

활용이 있는 자립어로서 단독으로 술어가 될 수 있고, 기본형의 어미는 'い'로 끝나며 사물의 성질과 상태를 나타낸다.

山が たかい。 산이 높다.

これが よい。 이것이 좋다.

❷ い형용사의 활용

(1) 정중형 : 정중하게 표현하고자 할 때는 'い'로 끝나는 기본형에 'です'를 붙이면 된다.

보통체	정중체(공손체)
美しい 아름답다	美しいです 아름답습니다
あつい 덥다	あついです 덥습니다

(2) 부정형 : 어미 'い'를 'く'로 바꾸고 부정을 나타내는 '～ない'나 '～ありません'을 붙이면 된다.

	긍정형	부정형
보통체	大きい 크다	大きく ない 크지 않다
	小さい 작다	小さく ない 작지 않다
정중체	大きいです 큽니다	大きく ないです 크지 않습니다 ＝大きく ありません
	小さいです 작습니다	小さく ないです 작지 않습니다 ＝小さく ありません

(3) 과거형 : 어미 'い'에 과거를 나타내는 'た'가 이어지면서 'かっ'으로 바뀌어 'かった'가 되며, 정중한 표현은 'です'를 붙여 'かったです'가 된다. 부정 표현에 대한 과거는 '～く ない'에 과거를 나타내는 'た'가 이어지면서 '～く なかった'가 된다.

91

		보통체	정중체
긍정형	현재	寒い 춥다	寒いです 춥습니다
	과거	寒かった 추웠다	寒かったです 추웠습니다
부정형	현재	寒く ない 춥지 않다	寒く ないです 춥지 않습니다 ＝寒く ありません
	과거	寒く なかった 춥지 않았다	寒く なかったです 춥지 않았습니다 ＝寒く ありませんでした

(4) い형용사의 수식
- 명사 수식 : い형용사가 명사를 수식할 때는 어미 변화가 없으며, 기본형 그대로 수식한다.
  赤い ＋ えんぴつ → 赤い えんぴつ 빨간 연필
  涼しい ＋ 秋   → 涼しい 秋 시원한 가을
- 동사 수식 : い형용사가 동사를 수식할 때는 어미 'い'를 'く'로 바꿔 수식하면 된다.
  花が 美しく 咲いた。 꽃이 아름답게 피었다.
  色が 白く なる。 색이 하얗게 되다.

(5) 가정형 : 어미 'い'를 'けれ'로 바꾸고 접속조사 'ば'를 붙이면 된다.
  暑い 덥다 → 暑ければ 더우면
  広い 넓다 → 広ければ 넓으면

(6) い형용사의 접속 표현
  접속조사 'て'에 연결할 때는 어미 'い'를 'く'로 고치고 'て'를 붙인다. '～하고, ～해서'의 뜻으로 쓰인다.
  大きい 크다 ＋ 長い 길다 → 大きくて 長い 크고 길다
  小さい 작다 ＋ 短い 짧다 → 小さくて 短い 작고 짧다

❸ 어간의 용법

(1) 어간만으로 문장을 끝맺는다.

　　おお、寒（さむ）。 오오, 춥다.
　　あっ、暑（あつ）。 앗, 뜨겁다.

(2) 어간의 접미어 'さ・み・け・げ'가 붙어서 명사로 전환한다.

　　重（おも）さ 무게(중량)　　美（うつく）しさ 아름다움　　寒（さむ）さ 추위
　　広（ひろ）さ 넓이　　　　　大（おお）きさ 크기　　　　長（なが）さ 길이
　　深（ふか）さ 깊이　　　　　暑（あつ）さ 더위　　　　　重（おも）み 무게(가치)
　　寒（さむ）け 한기, 오한　　眠（ねむ）け 졸음　　　　　惜（お）しげ 아쉬움

(3) 어간에 접미어 'がる・ぶる'가 붙어서 동사가 된다.

　　寒（さむ）い 춥다　→　寒がる 추워하다
　　偉（えら）い 훌륭하다　→　偉ぶる 잘난 체하다

(4) 어간이 겹쳐져서 부사가 된다.

　　易易（やすやす）その石（いし）を 持（も）ち上（あ）げた。 간단히 그 돌을 들어올렸다.
　　細細（ほそぼそ）暮（く）らして いる。 그럭저럭 살고 있다.

❹ 보조형용사

　　新聞（しんぶん）が ない。 ← 형용사
　　신문이 없다.

　　新聞では ない。 ← 보조형용사
　　신문이 아니다.

　(1)의 'ない'는 단독으로 술어의 역할을 하고 있으나, (2)의 'ない'는 사물의 존재를 부정하는 'ない'가 아니라, 앞의 문절 즉, '新聞では'를 보조하는 역할을 하게 되며, 'ない'의 본래의 뜻을 상실하고 있다. 이를 '보조형용사'라 한다.

⑤ 복합형용사

(1) 동사(ます형) 접미어

　　書く 쓰다 + やすい 쉽다 → 書きやすい 쓰기 쉽다
　　読む 읽다 + にくい 어렵다 → 読みにくい 읽기 어렵다

(2) 동사(ます형)+형용사

　　住む 살다 + よい 좋다 → 住みよい 살기 좋다
　　見る 보다 + 苦しい 괴롭다, 난처하다 → 見苦しい 보기 흉하다

(3) 명사+형용사

　　名 이름 + 高い 높다 → 名高い 유명하다
　　数 수 + 多い 많다 → 数多い 수많다

(4) 접두어+형용사

　　た(어세 강조) + やすい 쉽다 → たやすい 손쉽다
　　まっ(어세 강조) + くろい 검다 → まっくろい 새까맣다

(5) 형용사(어간)+형용사

　　細い 가늘다 + 長い 길다 → 細長い 길고 가느다랗다
　　青い 파랗다 + 白い 희다 → 青白い 해쓱하다

09 あなたは 何が 好きですか。

중요문형

1. 私は スポーツが 好きです。
   나는 스포츠를 좋아합니다.

2. ロックと ラップと どちらが 好きですか。
   록 과 랩 중 어느 쪽을 좋아합니까?

3. サッカーより 野球のほうが 好きです。
   축구 보다 야구 쪽을 좋아합니다.

4. スポーツは あまり 好きでは ありません。
   스포츠는 그다지 좋아하지 않습니다.

A
田中さん、あなたは スポーツが 好きですか。
다나카 씨, 당신은 스포츠를 좋아합니까?

はい、私は スポーツが 好きです。
예, 나는 스포츠를 좋아합니다.

どんな スポーツが 好きですか。
어떤 스포츠를 좋아합니까?

野球や サッカー などが 好きです。
야구랑 축구 등을 좋아합니다.

きらいな スポーツが ありますか。
싫어하는 스포츠가 있습니까?

한자읽기 私(わたし) 好(す)き 野球(やきゅう) 田中(たなか)

Text 09

^{기라이나} ^{스뽀-쯔와} ^{아리마 셍}
きらいな スポーツは ありません。
싫어하는 스포츠는 없습니다.

^{스뽀-쯔와} ^{난데모} ^{스끼데스}
スポーツは 何でも 好きです。
스포츠는 무엇이든 좋아합니다.

B ^{하나꼬 상} ^{아나따모} ^{스뽀-쯔가} ^{스끼데스까}
はなこさん、あなたも スポーツが 好きですか。
하나코 씨, 당신도 스포츠를 좋아합니까?

^{와따시와} ^{스뽀-쯔요리} ^{옹가꾸가} ^{스끼데스}
私は スポーツより 音楽が 好きです。
나는 스포츠보다 음악을 좋아합니다.

^{록꾸또} ^{랍뿌또} ^{도찌라가} ^{스끼데스까}
ロックと ラップと どちらが 好きですか。
록과 랩 중 어느 쪽을 좋아합니까?

^{옹가꾸나라} ^{난데모} ^{스끼데스}
音楽なら 何でも 好きです。
음악이라면 무엇이든 좋아합니다.

^{아 요깟따}
あ、よかった。
아, 잘 됐다.

^{라이슈-노} ^{니찌요-비니} ^{옹가꾸까이에} ^{이끼따이또} ^{오못떼} ^{이마시따}
来週の 日曜日に 音楽会へ 行きたいと 思って いました。
다음주 일요일에 음악회에 가고 싶다고 생각하고 있었습니다.

^{잇쇼니} ^{콘싸-또니} ^{이끼마셍까}
いっしょに コンサートに 行きませんか。
함께 콘서트에 가지 않겠습니까?

^{이-데스네} ^{에-가와} ^{도끼도끼} ^{미마스께도}
いいですね。えいがは ときどき 見ますけど、
좋아요. 영화는 가끔 보지만

한자읽기 おんがく らいしゅう にちようび おんがくかい い おも み
音楽　来週　日曜日　音楽会　行く　思う　見る

09. あなたは 何が 好きですか。

^{곤 싸-또와   하지메떼데스}
コンサートは　はじめてです。
콘서트는　　　　　처음이에요.

^{제히   잇쇼니   이끼따이데스}
ぜひ　いっしょに　行きたいです。
꼭　　함께　　　　가고 싶습니다.

C ^{곤 싸-또와   난지니   하지마리마스까}
コンサートは　何時に　始まりますか。
콘서트는　　　몇 시에　시작합니까?

^{고고   시찌지니   하지마리마스}
午後　7時に　始まります。
오후　7시에　　시작됩니다.

^{소레쟈   난지니   오와리마스까}
それじゃ、何時に　終わりますか。
그러면　　　몇 시에　끝납니까?

^{쥬-지고로   오와리마스}
10時ごろ　おわります。
10시경에　　끝납니다.

D ^{곤 싸-또죠-마데   도-얏떼   잇따라   이인데스까}
コンサート場まで　どうやって　行ったら　いいんですか。
콘서트장까지　　　어떻게　　　가면　　　되나요?

^{바스노호-가   하야이데스가   미찌가   고미마스까라}
バスのほうが　速いですが、道が　こみますから、
버스 쪽이　　　빠르지만　　　길이　　막히니까

^{찌까떼쯔데   이랏샷따호-가   하야이또   오모이마스}
地下鉄で　いらっしゃったほうが　早いと　思います。
지하철로　　오시는 편이　　　　　　　빠를　　　거예요.

한자읽기　何時　始まる　午後　終わる　場　速い　道　地下鉄　早い

Text 09

<ruby>どのくらい<rt>도노꾸라이</rt></ruby> <ruby>かかりますか<rt>가까리마스까</rt></ruby>。
어느 정도   걸립니까?

<ruby>地下鉄<rt>찌까떼쯔</rt></ruby>で <ruby>２５分<rt>니쥬-고훙</rt></ruby><ruby>ぐらい<rt>구라이</rt></ruby> <ruby>かかります<rt>가까리마스</rt></ruby>。
지하철로   25분 정도   걸립니다.

<ruby>月島<rt>쯔끼시마</rt></ruby>で <ruby>降りて<rt>오리떼</rt></ruby> <ruby>3番出口<rt>삼반데구찌</rt></ruby>に <ruby>出ます<rt>데마스</rt></ruby>。 <ruby>すると<rt>스루또</rt></ruby>、<ruby>すぐ<rt>스구</rt></ruby>
쯔키시마에서 내려 3번 출구로   나옵니다.   그러면, 바로

<ruby>前のほう<rt>마에노호-</rt></ruby>に <ruby>コンサート場<rt>콘싸-또죠-</rt></ruby>へ <ruby>行く<rt>이꾸</rt></ruby> <ruby>無料シャトルバス<rt>무료-샤또루바스</rt></ruby>が
앞 쪽에   콘서트장으로   가는 무료 셔틀버스가

<ruby>ありますので<rt>아리마스노데</rt></ruby>、 <ruby>そちらを<rt>소찌라오</rt></ruby> <ruby>ご利用ください<rt>고리요-구다사이</rt></ruby>。
있으니   그것을   이용해 주세요.

<ruby>コンサート場まで<rt>콘싸-또죠-마데</rt></ruby> <ruby>5分ほどで<rt>고훙호도데</rt></ruby> <ruby>来られます<rt>고라레마스</rt></ruby>。
콘서트장까지   5분 정도로   올 수 있습니다.

<ruby>そんなに<rt>손나니</rt></ruby> <ruby>遠くは<rt>도-꾸와</rt></ruby> <ruby>ありませんね<rt>아리마센네</rt></ruby>。
그렇게   멀지는   않군요.

| 한자읽기 | 月島
つきしま | 降りる
お | 3番
ばん | 出口
でぐち | 出る
で | 前
まえ | 無料
むりょう | 利用
りよう | 来られる
こ | 遠い
とお |

문/형/연/습

Pattern

01 あなたは 野球と サッカーと どちらが すきですか。
　　당신은　야구와　축구 중　 어느 쪽을 좋아합니까?

　　りんご　と　なし　と どちらが すきですか。
　　コンサート　　えいが
　　山　　　　　　海

어휘익히기

○01
野球(やきゅう) 야구
サッカー 축구
りんご 사과
コンサート 콘서트
なし 배
えいが 영화
海(うみ) 바다

02 いちばん すきな スポーツは なんですか。
　　제일　　좋아하는 스포츠는　 무엇입니까?

　　いちばん すきな くだもの は なんですか。
　　　　　　　　　音楽
　　　　　　　　　歌

○02
くだもの 과일
音楽(おんがく) 음악
歌(うた) 노래

03 スポーツより 音楽が 好きです。
　　스포츠보다　 음악을 좋아합니다.

　　すもう より サッカー が 好きです。
　　バナナ　　 みかん
　　ロック　　 ラップ

○03
音楽(おんがく) 음악
すもう 스모
ロック 록
みかん 귤
ラップ 랩

풀이 01. [사과/콘서트/산]과 [배/영화/바다] 중 어느 쪽을 좋아합니까? 02. 제일 좋아하는 [과일/음악/노래]는 무엇입니까? 03. [스모/바나나/록]보다 [축구/귤/랩]을 좋아합니다.

문/형/연/습

04 <ruby>地下鉄<rt>찌까떼쯔</rt></ruby>で <ruby>２５分<rt>니쥬-고 훙</rt></ruby>ぐらい <ruby>かかります<rt>가 까리마스</rt></ruby>。
　　지하철로　　25분 정도　　　걸립니다.

　[<ruby>バスで<rt>바스데</rt></ruby> / <ruby>電車で<rt>덴샤데</rt></ruby> / <ruby>あるいて<rt>아루이떼</rt></ruby>]　２５分ぐらい かかります。

05 <ruby>そんなに<rt>손나니</rt></ruby> <ruby>遠くは<rt>도-꾸와</rt></ruby> <ruby>ありませんね<rt>아리마셍네</rt></ruby>。
　　그렇게　　멀지는　　않군요.

　そんなに [<ruby>近くは<rt>찌까꾸와</rt></ruby> / <ruby>新しくは<rt>아따라시 꾸와</rt></ruby>] ありませんね。

06 <ruby>スポーツは<rt>스뽀-쯔와</rt></ruby> <ruby>あまり<rt>아마리</rt></ruby> <ruby>好きでは<rt>스끼데와</rt></ruby> <ruby>ないです<rt>나이데스</rt></ruby>。
　　스포츠는　　그다지　　좋아하지　　않아요.

　[<ruby>くだもの<rt>구다모노</rt></ruby> / <ruby>魚<rt>사까나</rt></ruby> / <ruby>肉<rt>니꾸</rt></ruby> / <ruby>さしみ<rt>사시미</rt></ruby>] は あまり 好きでは ないです。

어휘익히기

04
地下鉄(ちかてつ) 지하철
バス 버스
電車(でんしゃ) 전차
あるく 걷다

05
遠(とお)い 멀다
近(ちか)い 가깝다
新(あたら)しい 새롭다

06
魚(さかな) 생선
肉(にく) 고기
さしみ 생선회

풀이
04. [버스로/전차로/걸어서] 25분 정도 걸립니다.　05. 그렇게 [가깝지는/새롭지는] 않군요.
06. [과일/생선/고기/생선회]는 그다지 좋아하지 않아요.

문/법/교/실

❶ ~が 好きだ ~를 좋아하다

'명사+~が 好きだ' 형태로, 강조 표현은 '大好きだ'로 표현하기도 한다. 반대 표현은 '~が きらいだ(~를 싫어하다)'이다.

私は カレーが 好きです。 나는 카레를 좋아합니다.

❷ ~と 思う ~라고 생각하다

말하는 사람의 추측이나 의견을 나타내는 표현이다.

彼は たぶん 学校に いると 思います。
그는 아마 학교에 있을 거라고 생각합니다.

요점정리

✱ ~が 好きだ
조사는 'が'를 쓰며, 'を'를 쓰지 않는다. '~을 좋아한다'라고 해석하지만, 'を'로 쓰지 않는 데 주의한다.

회화

A : あなたは スポーツが 好きですか。
(아나따와 스뽀-쯔가 스끼데스까)

B : はい、そうです。 スポーツは 大好きです。
(하이 소-데스 스뽀-쯔와 다이스끼데스)

A : なんの スポーツが 好きですか。
(난 노 스뽀-쯔가 스끼데스까)

B : 野球が いちばん 好きです。 でも、自分で やる
(야꾸-가 이찌방 스끼데스 데모 지분데 야루)
ことは あまり 好きでは ありません。
(고또와 아마리 스끼데와 아리마셍)

A : 당신은 스포츠를 좋아합니까?
B : 예, 그렇습니다. 스포츠는 대단히 좋아합니다.
A : 무슨 스포츠를 좋아합니까?
B : 야구를 제일 좋아합니다. 하지만 자신이 하는 것은 그다지 좋아하지 않습니다.

연/습/문/제　　　　　　　　　　Exercise

01　다음 우리말을 일본어로 옮기시오.

(1) 나는 과일을 좋아합니다.

(2) 나는 스포츠를 싫어합니다.

(3) 바다와 산과 어느 쪽을 좋아합니까?

(4) 제일 좋아하는 과일은 무엇입니까?

02　다음 문장을 보기와 같이 바꾸어 보시오.

> [보기]　私は 海(うみ)が 好きです。
> → 私は 海が 好きでは ありません。

(1) あの 建物(たてもの)は 立派(りっぱ)です。

(2) あの 女は ほがらかです。

(3) 鄭さんは スポーツが きらいです。

도움말

01

(2) ~을 싫어합니다
　~が きらいです。

(3) ~와 …와 어느 쪽을 좋아합니까?
　~と ~と どちらが すきですか。

02

です의 부정은 ありません이다.
(1) 建物(たてもの) 건물
　立派(りっぱ)だ
　훌륭하다

(2) ほがらかだ
　쾌활하다

해답

01. (1) 私は くだものが すきです。 (2) 私は スポーツが きらいです。 (3) うみと やまと どちらが すきですか。 (4) いちばん すきな くだものは なんですか。　**02.** (1) あの 建物は 立派では ありません。 (2) あの 女は ほがらかでは ありません。 (3) 鄭さんは スポーツが きらいでは ありません。

한 걸음 더~

な形용사

1 정의(定義)

활용이 있는 자립어로서 단독으로 술어가 될 수 없다. 사물의 성질·상태를 나타내는 점은 い형용사와 같지만 말을 마칠 때 'だ'로 끝나는 점이 다르다.

海は 静かだ。 바다는 조용하다.

2 な형용사의 활용

(1) 정중형 : 정중하게 표현하고자 할 때는 어미 'だ'를 'です'로 바꾸면 된다.

보통체	정중체(공손체)
好きだ 좋아하다	好きです 좋아합니다
便利だ 편리하다	便利です 편리합니다

(2) 부정형 : 어미 'だ'를 부정을 나타내는 '〜では ない／〜では ないです' 또는 '〜では ありません'으로 바꾸면 된다. 회화체에서는 '〜じゃ ありません'을 많이 쓴다.

	긍정형	부정형
보통체	きれいだ 깨끗하다 にぎやかだ 번화하다	きれいでは ない 깨끗하지 않다 にぎやかでは ない 번화하지 않다
정중체	きれいです 깨끗합니다 にぎやかです 번화합니다	きれいでは ないです 깨끗하지 않습니다 ＝きれいでは ありません ＝きれいじゃ ありません にぎやかでは ないです 번화하지 않습니다 ＝にぎやかでは ありません ＝にぎやかじゃ ありません

(3) 과거형 : 어미 'だ'를 'だった'로 고치고, 정중체 표현은 'です'를 'でした'로 바꾸면 된

한 걸음 더~

다. 부정 표현에 대한 과거는 'でした'를 '〜では/じゃ ありませんでした'로 바꿔 주면 된다.

		보통체	정중체
긍정형	현재	静かだ 조용하다	静かです 조용합니다
	과거	静かだった 조용했다	静かだったです 조용했습니다
부정형	현재	静かでは ない 조용하지 않다	静かでは ないです 조용하지 않습니다 = 静かでは ありません = 静かじゃ ありません
	과거	静かでは なかった 조용하지 않았다	静かでは なかったです 조용하지 않았습니다 = 静かでは ありませんでした = 静かじゃ ありませんでした

(4) な형용사의 수식

- 명사 수식 : い형용사는 명사를 수식할 때 어미 변화가 없지만, な형용사는 어미 'だ'가 'な'로 바뀐다.

    静かだ + 海 → 静かな 海 조용한 바다
    きれいだ + 花 → きれいな 花 예쁜 꽃

- 동사 수식 : な형용사가 동사를 수식할 때는 어미 'だ'를 'に'로 바꿔 수식하면 된다.

    さくらが きれいに 咲いた。 벚꽃이 아름답게 피었다.
    きょうの 一日も 静かに 暮れる。 오늘 하루도 조용히 저문다.
    会議は 民主的に 運営する。 회의는 민주적으로 운영한다.

    주의 부사와 혼동하지 않도록 주의할 것
    　　 まっすぐに 歩きなさい。 똑바로 걸으세요.
    　　 (な형용사)
    　　 すぐに 行きます。 곧 갑니다.
    　　 (부사)

※부사 → とくに 특히　　まさに 바로　　　　たまに 가끔
　　　　　べつに 별로　　ひじょうに 매우

(5) 가정형 : 어미 'だ'를 'なら'로 바꾸고 접속조사 'ば'를 붙이면 되는데, 'ば'는 생략해도 된다.

　　　ほがらかだ 쾌활하다　→　ほがらかなら(ば) 쾌활하면
　　　りっぱだ 훌륭하다　→　りっぱなら 훌륭하면

(6) な형용사의 접속 표현

　　な형용사를 뒷 문장과 연결할 때는 어미 'だ'를 'で'로 고친다. '~하고, ~해서'의 뜻으로 쓰인다.

　　　かれは じょうぶで 欠席した ことが ない。
　　　그는 튼튼해서 결석한 적이 없다.
　　　この 町は きれいで 静かだ。 이 거리는 깨끗하고 조용하다.

❸ 어간의 용법

(1) 문장을 끝맺는다.

　　　まあ、きれい。어머, 아름다워라.
　　　もう、けっこう。이젠, 됐어.

(2) 접미사 'さ·み'가 붙어 명사로 전화한다.

　　　すなおだ 솔직하다　→　すなおさ 솔직함
　　　新鮮だ 신선하다　→　新鮮み 신선함

(3) い형용사와 な형용사의 어간이 같은 것

　　　こまかい　⎤ 잘다　　　あたたかい　⎤ 따뜻하다
　　　こまかだ　⎦　　　　　あたたかだ　⎦

　　　まっくろい　⎤ 새까맣다　おなじい　⎤ 같다
　　　まっくろだ　⎦　　　　　おなじだ　⎦

　　　やわらかい　⎤ 부드럽다　きいろい　⎤ 노랗다
　　　やわらかだ　⎦　　　　　きいろだ　⎦

(4) 어간 → 명사

な형용사 어간은 매우 독립성이 강하여 명사로 쓰일 경우가 많다.

世界が 平和に なる。……な형용사
세계가 평화롭게 되다.

平和を 希望する。……명사
평화를 희망하다.

健康な 体。……な형용사
건강한 몸.

健康が たいせつだ。……명사
건강이 중요하다.

(5) な형용사와 '명사+だ'

낱말 앞에 적당한 부사를 넣어 뜻이 통하면 な형용사이고, 통하지 않으면 '명사+だ'이다.

体は（とても）健康だ。……な형용사
몸은 (매우) 건강하다.

大切なのは（とても）健康だ。……명사+だ
중요한 것은 (매우) 건강이다.

4 특수 な형용사

'同じだ, こんなだ, そんなだ, あんなだ, どんなだ'는 지금까지의 な형용사와 거의 같은데 체언을 수식할 때 다르다.

(1) 체언을 수식할 때(어간+체언)

同じだ 같다 ＋ 本 책 → 同じ本 같은 책

(2) 'な'가 되살아날 때(뒤에 の, のに, ので가 이어질 경우)

雨が こんなａのに 出て 行きますか。비가 이렇게 오는데도 나갑니까?
同じａのが 二つ あります。같은 것이 두 개 있습니다.
きみと 同じａので 安心だ。자네와 같기 때문에 안심이다.

10 新聞を 読んで います。

중요문형

① 今、新聞を 読んで います。
   이마 심붕오 욘데 이마스
   지금 신문을 읽고 있습니다.

② 私は 学校で 日本語を 習って います。
   와따시와 각꼬-데 니홍고오 나랏떼 이마스
   나는 학교에서 일본어를 배우고 있습니다.

③ 九時に うちを 出て、学校へ 行きます。
   구지니 우찌오 데떼 각꼬-에 이끼마스
   9시에 집을 나와서 학교에 갑니다.

④ おふろに 入ってから ねます。
   오후로니 하잇떼까라 네마스
   목욕 하고 나서 잡니다.

⑤ あなたは 学校へ あるいて 来ますか、バスに のって 来ますか。
   아나따와 각꼬-에 아루이떼 기마스까 바스니 놋떼 기마스까
   당신은 학교에 걸어서 옵니까, 버스를 타고 옵니까?

A

鄭さん、あなたは 朝 おきて、何を しますか。
정상 아나따와 아사 오끼떼 나니오 시마스까
정씨, 당신은 아침에 일어나서 무엇을 합니까?

私は 朝 おきて はを みがいて、かおを あらって、
와따시와 아사 오끼떼 하오 미가이떼 가오오 아랏떼
나는 아침에 일어나서 이를 닦고, 세수를 하고 나서,

朝ごはんを たべます。
아사고항오 다베마스
아침밥을 먹습니다.

あなたは 朝ごはんを 食べてから 何を しますか。
아나따와 아사고항오 다베떼까라 나니오 시마스까
당신은 아침밥을 먹고 나서 무엇을 합니까?

한자읽기 今 新聞 読む 学校 日本語 習う 出る 来る 朝 食べる 何
いま しんぶん よ がっこう にほんご なら で く あさ た なに

Text 10

私は　ご飯を　食べてから　しんぶんを　よみます。
나는　아침을　먹고 나서　신문을　읽습니다.

しんぶんを　よんでから　九時ごろ　うちを　出て、
신문을　읽고 나서　9시경　집을　나와서,

学校へ　行きます。
학교에　갑니다.

B 学校で　外国語を　教えて　いますか。
학교에서　외국어를　가르치고　있습니까?

学校で　教えて　いる　外国語は　英語と　日本語だけです。
학교에서　가르치고　있는　외국어는　영어와　일본어뿐입니다.

他の　学校では　第二外国語として　ドイツ語、
다른　학교에서는　제2 외국어로서　독일어와

フランス語を　教えて　います。
프랑스어를　가르치고　있습니다.

あなたは　日本語を　習って　いますか。
당신은　일본어를　배우고　있습니까?

はい、私は　日本語を　習って　います。
예, 저는　일본어를　배우고　있습니다.

日本語は　やさしいですか。
일본어는　쉽습니까?

한자읽기　ご飯　外国語　教える　英語　他　第二外国語　習う

10. 新聞を 読んで います。

<ruby>英語</ruby>より やさしいですが、<ruby>外国語</ruby>ですから やはり
영어보다 쉽습니다만, 외국어이기 때문에 역시

むずかしいです。
어렵습니다.

とくに <ruby>漢字</ruby>の よみかたが むずかしいです。
특히 한자 읽기가 어렵습니다.

Ⓒ あなたは <ruby>何時</ruby>に うちを <ruby>出</ruby>て、<ruby>学校</ruby>へ <ruby>来</ruby>ますか。
당신은 몇 시에 집을 나와서 학교에 옵니까?

<ruby>私</ruby>は <ruby>九時</ruby>に うちを 出て、学校へ 来ます。
나는 9시에 집을 나와 학교에 옵니다.

学校まで バスに のって 来ますか、あるいて 来ますか。
학교까지 버스를 타고 옵니까, 걸어서 옵니까?

だいたい バスに のって 来ます。
대체로 버스를 타고 옵니다.

学校は 何時に <ruby>始</ruby>まって 何時に おわりますか。
학교는 몇 시에 시작해서 몇 시에 끝납니까?

学校は 九時<ruby>半</ruby>に はじまって、<ruby>午後</ruby> <ruby>四時</ruby>に おわります。
학교는 9시 반에 시작해서 오후 4시에 마칩니다.

何時に 学校を 出て うちへ <ruby>帰</ruby>りますか。
몇 시에 학교를 나와서 집에 돌아갑니까?

한자읽기 漢字 何時 出る 来る 始まる 九時半 午後 帰る

Text 10

요 지 항 고 로 각 꼬- 오 데 떼 우 찌 에 가에리마 스
四時半ごろ　学校を　出て　うちへ　帰ります。
4시 반경에　학교를　나와서　집에　돌아갑니다.

Q 우 찌 에 가엣 떼 나니 오 시마스 까
うちへ　帰って　何を　しますか。
집에　돌아와서　무엇을　합니까?

오 후 로 니 하잇 떼 시찌 지 고 로 방 고 항 오 다 베마스
おふろに　入って、七時ごろ　晩ご飯を　食べます。
목욕을　하고 나서　7시경에　저녁밥을　먹습니다.

방 고 항 오 다 베 떼 하찌지 까 라 쥬- 지 마 데 벵꾜-시 떼
晩ご飯を　食べて、八時から　十時まで　勉強して、
저녁밥을　먹은 후에　8시부터　10시까지　공부를 하고,

소 레 까 라 데 레 비 오 미 떼 쥬-이찌 지 고 로 네 마스
それから　テレビを　見て、十一時ごろ　寝ます。
그리고 나서　텔레비전을　보고　11시경에　잡니다.

네 루마에 니 이 쯔 모 닉 끼 오 쯔 께마스
寝る前に　いつも　にっきを　付けます。
자기 전에　항상　일기를　씁니다.

한자읽기	晩ご飯　見る　寝る　前　付ける

문/형/연/습

01 しんぶんを 読んで います。
신문을 읽고 있습니다.

コーヒー を	飲んで います。
てがみ	書いて
ピアノ	弾いて
しゃしん	とって

어휘익히기
01
- コーヒー 커피
- てがみ 편지
- ピアノ 피아노
- しゃしん 사진
- 飲(の)む 마시다
- 書(か)く 쓰다
- 弾(ひ)く 찾다, 치다
- とる 찍다

02 鄭さんは いま なにを して いますか。
정씨는 지금 무엇을 하고 있습니까?

田中さん は いま なにを して いますか。
お父さん
おとうと

03 はしを つかって、ごはんを 食べます。
젓가락을 사용해서 밥을 먹습니다.

おふろに はいって 体 を	あらい ます。
かがみを 見て ひげ	そり
じしょを ひいて 本	よみ
くすりを のんで びょうき	なおし

03
- はし 젓가락
- おふろに はいる 목욕하다
- 体(からだ) 몸
- かがみ 거울
- ひげ 수염
- じしょ 사전
- ひく 찾다
- くすり 약
- びょうき 병
- あらう 씻다
- そる 깎다
- よむ 읽다
- なおす 고치다

풀이
01. [커피/편지/피아노/사진]을 (마시고/쓰고/치고/찍고) 있습니다. **02.** [다나카 씨/아버지/남동생]은 지금 무엇을 하고 있습니까? **03.** [욕탕에 들어가서 몸/거울을 보고 수염/사전을 찾아서 책/약을 먹고 병]을 [씻습/깎습/읽습/고칩]니다.

문/형/연/습

04　鄭さんは いま へやで 勉強して います。
　　정씨는 지금 방에서 공부하고 있습니다.

田中さん は いま としょしつ で
ちち
いもうと

おうせつま
げんかん

しゅくだいを して　　います。
しんぶんを よんで
くつを みがいて

어휘익히기

◯ 04
としょしつ 도서실
おうせつま 응접실
げんかん 현관
しゅくだい 숙제
しんぶん 신문
くつ 신발
みがく 닦다

05　うちへ 帰ってから おふろに 入ります。
　　집에 돌아와서 목욕합니다.

うんどう し てから おふろに 入ります。
はたらい
さんぽを し
べんきょうを し

◯ 05
うんどう 운동
はたらく 일하다
さんぽ 산책
べんきょう 공부

풀이　04. [다나카 씨/아빠/여동생]은 지금 [도서실/응접실/현관]에서 [숙제를 하고/신문을 읽고/신발을 닦고] 있습니다.　05. [운동하고/일하고/산책을 하고/공부를 하고] 나서 목욕합니다.

문/법/교/실

❶ ～た ことが あります。 ～한 적이 있습니다

동사의 'た'형에 접속하며 과거의 경험을 나타내는 문형이다. 부정 표현은 '～た ことが ありません(～한 적이 없습니다)'이다.

ラーメンを 食べた ことが ありますか。
라면을 먹어 본 적이 있습니까?

いいえ、まだ 食べた ことが ありません。
아니요, 아직 먹어 본 적이 없습니다.

요점정리

* ～た ことが あります
  ～한 적이 있습니다
  ↔ ～た ことが ありません
  ～한 적이 없습니다

❷ ～て いる ～하고 있다

동사에 접속되어 동작의 진행이나 결과의 상태를 나타낸다.

本を 読んで いる。 책을 읽고 있다.(진행)
車が 止まって いる。 차가 멈춰 있다.(상태)

회화

A: 旅行にでも 行って 来ましょうか。
   (료꼬-니데모 잇떼 기마쇼-까)

B: どこへですか。
   (도꼬에데스까)

A: 雪岳山に 行けば 景色も うつくしく、とくに 紅葉が すばらしいそうです。
   (설악산니 이께바 게시끼모 우쯔꾸시꾸、도꾸니 모미지가 스바라시-소-데스)

B: では、いっしょに 行きましょう。
   (데와、잇쇼니 이끼마쇼-)

A: 여행이라도 다녀올까요?
B: 어디 말입니까?
A: 설악산에 가면 경치도 아름답고, 특히 단풍이 멋있다고 합니다.
B: 그럼, 함께 갑시다.

연/습/문/제

Exercise

01 다음 ( ) 안의 말을 활용하여 □ 속에 써 넣으시오.

(1) ともだちが ま□て います。(まつ)

(2) 花が さ□て います。(さく)

(3) お茶を 飮□で います。(飮む)

02 다음 우리말을 일본어로 옮기시오.

(1) 아침 몇 시경에 밥을 먹습니까?

(2) 부엌에서 요리를 만들고 있습니다.

(3) 택시를 타고 집으로 돌아옵니다.

03 다음 일본어를 우리말로 옮기시오.

(1) これは ぬすんだ ものでは ありません。

(2) あそんでから べんきょうを します。

(3) おふろに 入ってから ごはんを たべます。

도움말

01

동사의 음편(音便)
- 어미가 'く, ぐ'로 끝난 동사는 'い음편'(단, 行く는 촉음편).
- 어미가 'う, つ, る'로 끝난 동사는 촉음편.
- 어미가 'ぬ, ぶ, む'로 끝난 동사는 발음편.

02

(2) 부엌 : だいどころ
   요리 : りょうり
   만들다 : 作(つく)る

(3) 택시 : タクシー
   ~를 타다 :
      ~に 乗(の)る

03

(1) ぬすむ 훔치다

(2) あそぶ 놀다

해답 01. (1) っ (2) い (3) ん 02. (1) 朝 なんじごろ ごはんを たべますか。 (2) だいどころ で りょうりを 作って います。 (3) タクシーに のって うちへ かえります。 03. (1) 이것 은 훔친 물건이 아닙니다. (2) 놀고 나서 공부를 합니다. (3) 목욕하고 나서 밥을 먹습니다.

한 걸음 더~

동사의 음편(音便)

5단동사의 기본형에 'て, た, たり'가 접속될 때, 발음을 쉽고 편하게 하기 위해 동사의 활용(음의 변화)이 일어나는데, 이것을 동사의 음편(音便)이라 한다. 음편에는 'い음편, 촉음편, 발음편'이 있다.

구 분	기본형 어미→ます형 어미→음편형	접속어
い음편(音便)	く → き → い	て, た, たり
	ぐ → ぎ → い	で, だ, だり
촉음편(促音便)	う, つ, る → い, ち, り → っ	て, た, たり
발음편(撥音便)	ぬ, ぶ, む → に, び, み → ん	で, だ, だり

※ 예외 : '行く'는 촉음편에 속한다.

❶ い음편

'か, が'행으로 활용하는 5단동사의 ます형 어미 'き, ぎ'에 'て, た, たり'가 접속하면 'き, ぎ'가 'い'로 변하는 것을 い음편이라 한다.

書 く 쓰다
    き ます 씁니다
    い て 쓰고
    い た 썼다
    い たり 쓰기도 하고

泳 ぐ 수영하다
    ぎ ます 수영합니다
    い で 수영하고
    い だ 수영했다
    い だり 수영하기도 하고

❷ 촉음편

'た, ら, わ'행으로 활용하는 5단동사의 ます형 어미 'ち, り, い'에 'て, た, たり'가 접속하면 'ち, り, い'가 'っ'로 변하는 것을 촉음편이라 한다.

立 つ 서다
    ち ます 섭니다
    っ て 서고
    っ た 섰다
    っ たり 서기도 하고

会 う 만나다
    い ます 만납니다
    っ て 만나고
    っ た 만났다
    っ たり 만나기도 하고

〈예외〉 5단동사 중에서 '行く'는 어미가 'く'로 끝났으므로 い음편에 해당되지만 유일하게 예외적으로 촉음편이 적용된다.

行 い
├ く　가다
├ き ます　갑니다
├ って　가고
├ った　갔다
└ ったり　가기도 하고

❸ 발음편

'な, ば, ま'행으로 활용하는 5단동사의 ます형 어미 'に, び, み'에 'て, た, たり'가 접속하면 'に, び, み'가 'ん'으로 변하고, 'て, た'에 탁점(゛)이 붙는 것을 발음편이라 한다.

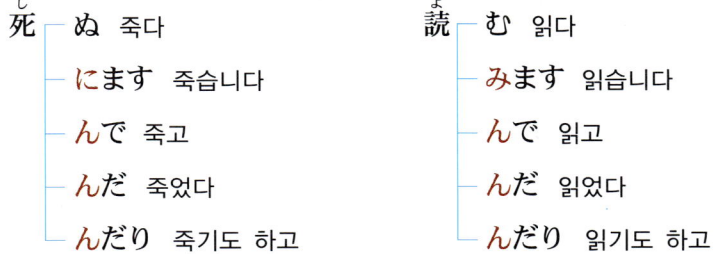

死 し
├ ぬ　죽다
├ に ます　죽습니다
├ んで　죽고
├ んだ　죽었다
└ んだり　죽기도 하고

読 よ
├ む　읽다
├ み ます　읽습니다
├ んで　읽고
├ んだ　읽었다
└ んだり　읽기도 하고

❹ 음편이 없는 동사

5단동사 중에서 'す'로 끝나는 동사와 1단동사, 변격동사는 'て, た, たり'와 연결될 때 음편 현상이 없고 ます형과 같이 활용된다.

(1) す로 끝나는 5단동사

話 はな
├ す　말하다
├ し ます　말합니다
├ して　말하고
├ した　말했다
└ したり　말하기도 하고

(2) 1단동사

起 ─ きる 일어나다　　　　食 ─ べる 먹다
　　 きます 일어납니다　　　　　 べます 먹습니다
　　 きて 일어나고　　　　　　　 べて 먹고
　　 きた 일어났다　　　　　　　 べた 먹었다
　　 きたり 일어나기도 하고　　　 べたり 먹기도 하고

(3) 변격동사

来る 오다　　　　　　　する 하다
来ます 옵니다　　　　　します 합니다
来て 오고　　　　　　　して 하고
来た 왔다　　　　　　　した 했다
来たり 오기도 하고　　 したり 하기도 하고

※5단동사를 제외한 나머지 동사는 음편을 할 수 없으므로 ます형에 바로 'て, た, たり'를 연결한다.

11 何に しましょうか。

중요문형

1. **何に しましょうか。**
   (우리) 뭘로 할까요?

2. **何に しますか。**
   (당신) 뭘로 할래요?

3. **全部で いくらですか。**
   전부해서 얼마입니까?

4. **1000円 お預かりしました。**
   1000엔 받았습니다.

5. **少し お待ち ください。**
   조금만 기다려 주세요.

6. **どうも ごちそうさまでした。**
   정말 잘 먹었습니다.

A ごめんください。
실례합니다.

はい、いらっしゃいませ。
예, 어서 오십시오.

チキンセットAを ください。
치킨세트 A를 주세요.

한자읽기 全部　預かる　待つ

11. 何に しましょうか。

はい、かしこまりました。
네, 알겠습니다.

お持ち帰りでしょうか。 こちらで お召し上がりですか。
포장이세요?　　　　　　　여기서　드시겠습니까?

こちらで。
여기서 먹겠습니다.

B サイドメニューは 何に しますか。
사이드 메뉴는　　　　무엇으로 하시겠습니까?

コーンサラダに します。
콘 샐러드로　　　할게요.

ドリンクは 何に しますか。
드링크는　　뭘로　하시겠습니까?

ダイエット コーラに します。
다이어트　　콜라로　　할게요.

はい、かしこまりました。 少々 お待ち ください。
예, 알겠습니다.　　　　잠깐　기다려　주세요.

C 全部で いくらですか。
전부해서　얼마입니까?

全部で 520円です。
전부해서　520엔입니다.

| 한자읽기 | お持ち帰り | お召し上がり | 少々 |

Text 11

1000円　お預かりしました。
1000엔　　받았습니다.

480円の　お返しです。
480엔　　거스름돈입니다.

まいど　ありがとうございます。
항상　　감사합니다.

D （食べ終わってから）
다 먹고 나서

ああ、おいしかった。
아아, 맛있었다.

おなかいっぱいだ。
배부르다.

どうも　ごちそうさまでした。
정말　　잘 먹었습니다.

E この　店は　果物屋です。
이　　상점은　과일가게입니다.

この　みせには　りんごや　なしや　みかん　などが　あります。
이　　상점에는　사과와　　배와　　굴　　등이　　있습니다.

りんごは　一つ　いくらですか。
사과는　　하나에　얼마입니까?

한자읽기　お返し　食べ終わる　店　果物屋　一つ

11. 何に しましょうか。

りんごは 一つ 300円です。
사과는　　　하나에　300엔입니다.

二つ ください。
두 개　주세요.

F はい、ここに あります。全部で 600円に なります。
　　예,　　여기　　있습니다.　전부해서　600엔　　되겠습니다.

1000円さつです。
1000엔　지폐입니다.

はい、400円の おつりです。
예,　　400엔　　거스름돈입니다.

ありがとうございます。
감사합니다.

| 한자읽기 | 二つ |

121

문/형/연/습

01 ジュースを いっぱい ください。
　　주스를　　한 잔　　주세요.

記念切手を 一枚 ください。
(기넹낏떼)　(이찌마이)

お湯(유)　　いっぱい

ノート　　一冊(잇 사쯔)

えんぴつ　　一本(입 뽕)

어휘익히기
01
記念切手(きねんきって) 기념우표
一枚(いちまい) 한 장
お湯(ゆ) 뜨거운 물
一冊(いっさつ) 한 권
一本(いっぽん) 한 자루

02 何に しますか。 コーラに します。
　　(나니)
　　뭘로 하시겠습니까? 콜라로 하겠습니다.

チーズバーガー に します。

どんぶり

大盛り(오-모)

02
コーラ 콜라
チーズバーガー 치즈버거
どんぶり 덮밥
大盛(おおも)り 곱배기

03 お金を 貸して ください。
　　(까네)(가)
　　돈을 빌려 주세요.

くだものと 野菜(야사이)を たべ て ください。

これ　　　使って(쯔깟) み

わさび　　抜い(누)

03
お金(かね) 돈
貸(か)す 빌려주다
野菜(やさい) 야채
使(つか)う 쓰다, 사용하다
抜(ぬ)く 빼다

풀이　**01.** [기념우표/뜨거운 물/노트/연필]을 [한 장/한 잔/한 권/한 자루] 주세요.　**02.** [치즈버거/덮밥/곱배기]로 하겠습니다.　**03.** [과일과 야채/이것/와사비]를 [먹으/사용해 보/빼 주]세요.

11. 何に しましょうか。

04 サイドメニューは 何に しますか。
사이드 메뉴는 무엇으로 하시겠습니까?

ご注文(쮸-몽) は 何に しますか。
飲み物(노모노)
お酒(사께)

어휘익히기

○ 04
ご注文(ちゅうもん) 주문
飲(の)み物(もの) 음료
お酒(さけ) 술

05 あの くつは いくらですか。
저 구두는 얼마입니까?

まんねんひつ は いくらですか。
くつした
この 花(하나)

○ 05
まんねんひつ 만년필
くつした 양말
花(はな) 꽃

06 紙(가미)や ノートや えんぴつ などが あります。
종이와 공책과 연필 등이 있습니다.

すいか や もも や ぶどう などが あります。
タバコ　　マッチ　　はいざら
ふとん　　まくら　　しきぶとん

○ 06
紙(かみ) 종이
すいか 수박
タバコ 담배
ふとん 이불
もも 복숭아
マッチ 성냥
まくら 베개
ぶどう 포도
はいざら 재떨이
しきぶとん 요

풀이 04. [주문/음료/술]은 무엇으로 하시겠습니까?   05. [만년필/양말/이 꽃]은 얼마입니까?
06. [수박/담배/이불]과 [복숭아/성냥/베개]와 [포도/재떨이/요] 등이 있습니다.

문/법/교/실

❶ いくら   얼마, 어느 정도

값이나 무게·양을 물을 때 쓰는 명사이다.

　　この　りんごは　一つ(ひと)　いくらですか。
　　이 사과는 하나에 얼마입니까?

'몇 개'와 같이 '수'를 물을 때에는 'いくつ'로 말한다.

　　りんごは　いくつ　ありますか。
　　사과는 몇 개 있습니까?

❷ ～を ください   ～을 주십시오

'명사+～を ください' 형태로, 상대방에게 요청할 때 쓰는 표현이다. 'ください'는 'くださる(주시다)'를 명령형으로 만든 것이다.

　　りんごを　一つ　ください。 사과를 한 개 주세요.
　　まんねんひつを　ください。 만년필을 주세요.

❸ ～て ください   ～해 주세요

'동사의 ます형+～て ください'의 형태로서, 부탁이나 정중한 명령을 나타내는 문형이다.

　　ネクタイを　見(み)せて　ください。
　　넥타이를 보여 주세요.
　　窓(まど)を　閉(し)めて　ください。
　　창문을 닫아 주세요.

❹ ～や ～や ～などが あります。 ～랑 ～랑 ～등이 있습니다

'や'는 둘 이상의 사물을 열거할 때 쓰는 병립조사이다. 'など'는 예를 들어서 그밖에도 같은 종류의 것이 있음을 나타내는 부조사이다.

요점정리

✽ 'いくら'는 '값·무게·양', 'いくつ'는 '수'를 물을 때 쓴다.

✽ **명사+～を ください**
　～을 주세요

✽ **동사의 ます형+～て ください**
　～해 주세요

✽ **～や ～や ～など**
　～랑 ～랑 ～등 따위

11. 何に しましょうか。

デパートや 食堂や 銀行 などが あります。
백화점이랑 식당이랑 은행 등이 있습니다.

ここに タバコや マッチや 灰皿 などが あります。
여기에 담배랑 성냥이랑 재떨이 등이 있습니다.

❺ で   ～에서, ～로, ～로서, ～때문에, ～해서

'で'는 장소・수단・재료・이유・수량 등을 나타내는 격조사이다.

会社で 働いて いる。← 장소
회사에서 일하고 있다.

地下鉄で 来ました。← 수단
지하철로 왔습니다.

木で つくえを つくりました。← 재료
나무로 책상을 만들었습니다.

風で 木が 倒れた。← 이유
바람 때문에 나무가 쓰러졌다.

全部で いくらですか。← 수량
전부해서 얼마입니까?

(참고) これは 本で、あれは ノートです。
이것은 책이고, 저것은 노트입니다.
여기에서 'で'는 조사가 아니고, 조동사 'だ'가 'で'로 활용된 것이다.

✿ で는 격조사로서,
　① 장소
　② 수단
　③ 재료
　④ 이유
　⑤ 수량
등으로 쓰인다.

❻ まいど ありがとうございます。   항상 감사합니다.

'まいど(毎度)'는 '매번, 번번이' 등의 뜻으로, 상인이 고객에게 쓰는 관용의 인사말이다. '애용해 줘서 고맙다'는 뜻을 나타낸다.

✿ ありがとうございます
감사합니다

문/법/교/실

회화

A : すみません、ぼうし ありますか。

B : はい、ございます。いろいろ あります。

A : 値段(네 당)は どうですか。

B : どれでも 同(오나)じです。

A : ちょっと 見(미)せて ください。それと これと どちらが いいんですか。

B : こちらの ほうです。

A : じゃ、それを ください。

B : かしこまりました。ありがとうございます。

A : 실례합니다, 모자 있습니까?
B : 예, 있습니다. 여러 가지 있습니다.
A : 가격은 어떻습니까?
B : 모두 같습니다.
A : 잠시 보여 주세요. 그것과 이것은 어느 쪽이 좋습니까?
B : 이쪽이 좋습니다.
A : 그럼, 그것을 주세요.
B : 알겠습니다. 감사합니다.

연/습/문/제

01 다음 ( ) 안의 말을 활용하여 □ 속에 써 넣으시오.

(1) お金を 貸□て ください。(貸す)

(2) 本を 読□で ください。(読む)

(3) マフラーを 見□て ください。(見せる)

02 다음 대화를 일본어로 말하시오.

(1) 어서 오십시오.

(2) 사과를 주세요.

(3) 전부해서 얼마입니까?

(4) 그럼, 그것을 주십시오.

(5) 잘 알았습니다.

(6) 감사합니다.

도움말

01
동사의 음편(音便)
(1) 貸(か)す 빌려주다
　す로 끝나는 5단동사
(2) 読(よ)む 읽다
　5단동사(발음편)
(3) 見(み)せる 보여주다
　1단동사

02
(1) 오시다 : いらっしゃる

(2) 사과 : りんご

(3) 전부 : 全部(ぜんぶ)
　얼마 : いくら

(4) 그럼 : では

해답

01. (1) し　(2) ん　(3) せ　**02.** (1) いらっしゃいませ。　(2) りんごを ください。　(3) 全部で いくらですか。　(4) では、それを ください。　(5) かしこまりました。　(6) ありがとうございます。

12 まどが あいて います。

중요문형

① まどが あいて います。
　창문이　　열려　　있습니다.

② まどが あけて あります。
　창문이　　열려　　있습니다.

③ <ruby>字<rt>지</rt></ruby>を <ruby>書<rt>가</rt></ruby>いて います。
　글을　　쓰고　　있습니다.

④ <ruby>字<rt>지</rt></ruby>が <ruby>書<rt>가</rt></ruby>いて あります。
　글이　　쓰여　　있습니다.

A おとなりの <ruby>大<rt>오-</rt></ruby>きな うちが <ruby>見<rt>미</rt></ruby>えます。
　　옆의　　　큰　　　집이　　보입니다.

　　<ruby>門<rt>몽</rt></ruby>が しまって います。
　　대문이 닫혀　　있습니다.

　　<ruby>玄関<rt>겡 깐</rt></ruby>の とも しめて あります。
　　현관　　문도 닫혀　　있습니다.

　　へやの まどは あいて います。
　　방　　　창문은　열려　있습니다.

　　<ruby>台所<rt>다이도꼬로</rt></ruby>の <ruby>小<rt>찌-</rt></ruby>さな まども あけて あります。
　　부엌의　　작은　　창문도　열려　　있습니다.

한자읽기　字(じ)　書(か)く　大(おお)きい　見(み)える　門(もん)　玄関(げんかん)　台所(だいどころ)　小(ちい)さい

12. まどが あいて います。

B かべに 何か かけて ありますか。
벽에는 무언가 걸려 있습니까?

はい、かけて あります。
예, 걸려 있습니다.

何が かけて ありますか。
무엇이 걸려 있습니까?

カレンダーが かけて あります。
달력이 걸려 있습니다.

C カーテンも しめて ありますか。
커튼도 쳐져 있습니까?

いいえ、カーテンは しめて ありません。
아니요, 커튼은 쳐져 있지 않습니다.

あけて あります。
열려 있습니다.

テーブルの 上には 何が 置いて ありますか。
테이블 위에는 무엇이 놓여 있습니까?

かびんが 置いて あります。
꽃병이 놓여 있습니다.

かびんには 花が いけて あります。
꽃병에는 꽃이 꽂꽂이 되어 있습니다.

한자읽기	何 上 置く 花

Text 12

D

お庭には　木が　たくさん　植えて　あります。
정원에는　나무가　많이　심어져　있습니다.

お庭の　まわりには　うえきばちが　ならべて　あります。
정원의　주변에는　정원수 화분이　늘어놓여　있습니다.

うえきばちには　きれいな　花が　たくさん　さいて　います。
정원수 화분에는　예쁜　꽃이　많이　피어　있습니다.

赤、青、白、むらさき、きいろと　きちんと　ならんで　います。
빨강, 파랑, 하양, 보라,　노랑 등이　가지런히　늘어놓여　있습니다.

E

鄭さんは　今　うちに　いますか。
정씨는　지금 집에　있습니까?

はい、います。
예,　있습니다.

なにを　して　いますか。
무엇을　하고　있습니까?

鄭さんは　今　日本語の　本を　よんで　います。
정씨는　지금 일본어　책을　읽고　있습니다.

おとうとは　いま　なにを　して　いますか。
남동생은　지금　무엇을　하고　있습니까?

おとうとは　シャワーを　あびて　います。
남동생은　샤워를　하고　있습니다.

한자읽기　庭　木　植える　赤　青　白　今　日本語　本

12. まどが あいて います。

F

お母さんは なにを して いますか。
어머님은　　　무엇을　　하고　　있습니까?

母は 台所で 料理を 作って います。
엄마는 부엌에서　요리를　　만들고　　있습니다.

お姉さんは なにを して いますか。
누님은　　　　무엇을　　하고　　있습니까?

母と いっしょに 料理を 作って います。
엄마와 함께　　　　요리를　　만들고　　있습니다.

お父さんは なにを して いますか。
아버님은　　　무엇을　　하고　　있습니까?

父は 居間で 新聞を 読んで います。
아빠는 거실에서　신문을　　읽고　　계십니다.

| 한자읽기 | お母さん | 母 | 台所 | 料理 | 作る | お父さん | 父 | 居間 | 新聞 | 読む |

문/형/연/습

01　まどが　あいて　います。　← 상태
창문이　열려　있습니다.

まど	が	しまって	います。
うえきばち		ならんで	
せんたくもの		はいって	

어휘익히기
01
まど 창문
うえきばち 화분
せんたくもの 세탁물
しまる 닫히다
ならぶ 늘어서다
はいる 들어가다

02　車(쿠루마)が　走(하싯)って　います。　← 진행
자동차가　달리고　있습니다.

とり	が	とんで	います。
雨(아메)		降(훗)って	
風(가제)		吹(후)いて	

02
走(はし)る 달리다
とり 새
雨(あめ) 비
風(かぜ) 바람
とぶ 날다
降(ふ)る 내리다
吹(ふ)く 불다

03　まどが　あけて　あります。　← 상태
창문이　열려　있습니다.

みず	が	はって	あります。
名前(나 마에)		書(가)いて	
物(모노)		置(오)いて	

03
みず 물
名前(なまえ) 이름
物(もの) 물건
はる 채우다
書(か)く 쓰다
置(お)く 놓다

풀이　01. [창문/화분/세탁물]이 [닫혀/늘어서/들어가] 있습니다.　02. [새/비/바람]이 [날고/내리고/불고] 있습니다.　03. [물/이름/물건]이 [채워져/쓰여/놓여] 있습니다.

12. まどが あいて います。

04 電話(でんわ)を かけて います。 ← 진행
    전화를   걸고   있습니다.

おんがく を	聞(き)いて います。
うた	うたって
テレビ	見(み)て

어휘익히기

○ 04
おんがく 음악
うた 노래
聞(き)く 듣다
うたう 부르다
見(み)る 보다

05 きものを 着(き)て いる 人(ひと)。 ← 상태
    옷을   입고   있는 사람.

ぼうし を	かぶって いる 人(ひと)。
てぶくろ	はめて
めがね	かけて

○ 05
着(き)る 입다
ぼうし 모자
てぶくろ 장갑
めがね 안경
かぶる 쓰다, 씌어주다
はめる 끼다
かける 쓰다, 걸치다

06 ちゃわんが われます。 → ちゃわんを わります。
    찻잔이   깨집니다. → 찻잔을   깹니다.

火(ひ) が	きえ ます。	火(ひ) を	けし ます。
戸(と)	しまり	戸(と)	しめ
かびん	ならび	かびん	ならべ

○ 06
ちゃわん 찻잔
われる 깨지다
わる 깨다
火(ひ) 불
戸(と) 대문
かびん 꽃병
きえる 사라지다, 없어지다
しまる 닫히다
ならぶ 늘어서다
けす 끄다
しめる 닫다
ならべる 늘어놓다

풀 이 04. [음악/노래/텔레비전]을 [듣고/부르고/보고] 있습니다. 05. [모자/장갑/안경]을 [쓰고/끼고/쓰고] 있는 사람. 06. [불/대문/화분]이 [꺼집/닫힙/늘어섭]니다. → [불/대문/화분]을 [끕/닫습/늘어놓습]니다.

133

문/법/교/실

❶ 자동사와 타동사

　　まどが 開く。 창문이 열리다. ← 자동사
　　まどを 開ける。 창문을 열다. ← 타동사

위에서 '開く'와 같이 그 자신이 동작·작용을 나타내는 동사를 자동사라 하고, '開ける'와 같이 다른 것에 가하는 동작·작용을 나타내어 '~を'와 같이 목적어를 필요로 하는 동사를 타동사라 한다.

❷ 자동사와 타동사의 구별 방법

(1) 'す'로 끝나는 동사는 대부분 타동사이다.

　　けす　끄다, 없애다　　　かくす　감추다, 숨기다

(2) 모양이 비슷한 형태에서 5단동사가 자동사이고, え단으로 끝나는 1단동사가 타동사이다.

　　┌ はじまる 시작하다 ← 자동사
　　└ はじめる 시작하다 ← 타동사

　　┌ あつまる 모이다 ← 자동사
　　└ あつめる 모으다 ← 타동사

　　┌ しまる 닫히다 ← 자동사
　　└ しめる 닫다 ← 타동사

〈예외〉┌ やく 태우다 ← 타동사
　　　└ やける 타다 ← 자동사

　　┌ きく 듣다 ← 타동사
　　└ きこえる 들리다 ← 자동사

　　┌ 切る 자르다 ← 타동사
　　└ 切れる 잘리다 ← 자동사

　　┌ わる 깨다 ← 타동사
　　└ われる 깨지다 ← 자동사

요점정리

❋ **자동사**
그 자신이 동작·작용을 나타내는 동사.

타동사
목적어를 필요로 하는 동사.

❋ **자동사와 타동사 구분**
• す로 끝나는 동사 → 타동사
• 모양이 비슷한 형태에서
　┌ 5단동사 → 자동사
　└ え단으로 끝나는
　　1단동사 → 타동사

12. まどが あいて います。

(3) 자동사뿐인 동사

行く	咲く	死ぬ	ある	泣く
가다	피다	죽다	있다	울다

(4) 타동사뿐인 동사

着る	食べる	投げる	打つ
입다	먹다	던지다	치다

❸ '～て いる'와 '～て ある'

(1) '～て いる' 앞에는 자동사·타동사가 오고, '～て ある' 앞에는 보통 타동사가 온다.

(2) '～て いる'의 'いる'는 본래의 동사로서의 뜻으로 쓰이고, 'て' 앞에 있는 동사를 보조하는 구실을 하므로 보조동사라 한다.

'～て いる'는 동작의 계속을 나타내는 동사에 붙으면 '**진행**'의 의미를, 동작·작용이 순간에 끝나는 성질의 동사에 붙으면 '결과의 남음'을 의미하며, '**상태**'를 나타낸다.

電話を かけて いる。 전화를 걸고 있다. ← 진행
新聞を よんで いる。 신문을 읽고 있다. ← 진행
まどが あいて いる。 창문이 열려 있다. ← 상태
花が さいて いる。 꽃이 피어 있다. ← 상태

(3) '～て ある'는 기본적으로 '타동사+～て ある'의 형태로 쓰인다. '～て いる'의 경우는 그 동사가 무의지 동사이기 때문에 의지를 가지지 않는 작용·현상·행위의 결과, 상태를 표현한다. 한편, '타동사+～て ある'의 경우는 그 동사가 의지 동사이기 때문에 누군가의 의지 행위의 결과가 현재도 남아 있음을 나타낸다.

まどが あいて いる。 ← 무의지 동사
창문이 열려 있다.

暑いので まどが あけて ある。 ←의지 동사
더워서 (누군가에 의해) 창문이 열려 있다.

요점정리

✻ **진행과 상태**

- 자동사+～て いる : 진행·상태(저절로 된 상태)
- 타동사+～て いる : 진행
- 타동사+～て ある : 상태(누군가의 힘에 의해 된 상태)

135

회화

A : 戸が 開いて いますか。
B : はい、開いて います。
　　― はい、開けて あります。
　　― いいえ、開いて いません。
　　― いいえ、開けて ありません。

A : 雨が 降って いますね。
　　窓を 閉めましょうか。
B : はい、閉めて ください。
　　― いいえ、開けて おいて ください。

A : 문이 열려 있습니까?
B : 예, 열려 있습니다.
　　― 예, 열려 있습니다.
　　― 아니요, 열려 있지 않습니다.
　　― 아니요, 열려 있지 않습니다.
A : 비가 내리고 있군요.
　　창문을 닫을까요?
B : 예, 닫아 주십시오.
　　― 아니요, 열어 놓아 주십시오.

연/습/문/제

01 다음 문장을 보기와 같이 바꾸어 보십시오.

[보기] 字を 書きます。
→ 字が 書いて あります。

(1) カーテンを しめます。

(2) 韓国の 地図を かけます。

(3) かばんを おきます。

(4) きってを はります。

02 다음 (   ) 안에 'あります'와 'います'를 구분하여 쓰시오.

(1) お金が 入れて (   )。
(2) 名前が 書いて (   )。
(3) でんとうが つけて (   )。
(4) へやには 何か かざって (   )。
(5) ズボンを はいて (   )。
(6) ゆびわを はめて (   )。
(7) 雨が ふって (   )。
(8) 花が さいて (   )。

도움말

01
(1) 커튼을 칩니다.

(2) 한국 지도를 겁니다.

(3) 가방을 놓습니다.

(4) 우표를 붙입니다.

02
(1) お金(かね) 돈
(2) 名前(なまえ) 이름
(3) でんとう(電灯) 전등
   つける 달다, 부착하다
(4) へや 방
   かざる 장식하다
(5) はく 입다
(6) ゆびわ 반지
   はめる 끼다

해답
01. (1) カーテンが しめて あります。 (2) 韓国の 地図が かけて あります。 (3) かばんが おいて あります。 (4) きってが はって あります。 **02.** (1) あります (2) あります (3) あります (4) あります (5) います (6) います (7) います (8) います

13 電話

중요문형

① もしもし、田中さんの お宅でしょうか。
여보세요, 다나카 씨 댁입니까?

② 先生は いらっしゃるでしょうか。
선생님은 계십니까?

③ もどりしだい お電話を さしあげます。
돌아오는 대로 전화를 드리겠습니다.

④ 田中さんは お帰りに なりましたでしょうか。
다나카 씨는 돌아오셨습니까?

⑤ しょうしょう お待ちください。
잠깐만 기다려 주십시오.

⑥ どうぞ よろしく お願いします。
부디 아무쪼록 잘 부탁드립니다.

A

もしもし、田中さんの お宅ですか。
여보세요, 다나카 씨 댁입니까?

はい、さようでございますが。
예, 그렇습니다만.

私は 韓国の 鄭という ものですが、
저는 한국의 정이라고 하는 사람입니다만,

한자읽기 宅(たく) 電話(でんわ) 帰(かえ)る 待(ま)つ 願(ねが)い 韓国(かんこく)

13. 電話

<ruby>田中<rt>다 나까</rt></ruby>さんは　いらっしゃいますか。
다나카 씨는　　계십니까?

B　あいにく　<ruby>留守<rt>루 스</rt></ruby>に　して　おりますが。
마침　　　외출을　해서　안 계신데요.

でも　もう　すぐ　もどってくる　<ruby>時間<rt>지 깐</rt></ruby>ですから
그래도 이제　곧　돌아오실　　　　시간이니까

もどりしだい　お<ruby>電話<rt>뎅 와</rt></ruby>を　さしあげるように　いいましょうか。
돌아오시는 대로　전화를　　올리도록　　　　　말씀드릴까요?

それとも　<ruby>何<rt>나니</rt></ruby>か　おことづけでも……。
그렇지 않으면 무슨　전할 말이라도…….

いいえ、けっこうです。のちほど　<ruby>電話<rt>뎅 와</rt></ruby>を　さしあげます。
아니요,　됐습니다.　　　나중에　　전화를　드리겠습니다.

C　(<ruby>一時間<rt>이찌 지 깡</rt></ruby>ほどしてから)
한 시간쯤 지나고 나서

もしもし、<ruby>田中<rt>다 나까</rt></ruby>さんの　お<ruby>宅<rt>따꾸</rt></ruby>ですね。
여보세요,　다나카 씨　　댁이죠?

さっき　お<ruby>電話<rt>뎅 와</rt></ruby>を　さしあげた　ものですが、
아까　　전화를　　드렸던　　　사람입니다만,

한자읽기　<ruby>留守<rt>루 스</rt></ruby>　<ruby>時間<rt>지 깐</rt></ruby>　<ruby>一時間<rt>이찌 지 깐</rt></ruby>

139

Text 13

<small>다 나까</small>　　　　　<small>까에</small>
田中さんは　お帰りに　なりましたでしょうか。
다나카 씨는　　돌아오셨는지요?

はい、もどって　おります。
예,　　돌아왔습니다.

<small>마</small>
しょうしょう　お待ちください。
잠깐만　　　　　기다려 주십시오.

D　もしもし、私は　田中です。
　　여보세요,　저는　다나카입니다.

<small>정</small>
鄭でございます。
정이라고 합니다.

<small>뎅 와</small>　　<small>맛</small>
電話を　待って　いました。
전화를　기다리고　있었습니다.

한자읽기　　<small>かえ</small>　<small>ま</small>
　　　　　　帰る　待つ

140

13. 電話

じつは　先日　もうしあげました　ことで　ご相談したい
실은　전날　말씀드린　　　　　　일로　상담하고 싶은

ことが　ありまして　一度　お会いいただきたいのですが……。
일이　있어서　　　　한 번　만나 뵙고 싶습니다만…….

E そうですか。では、あしたの　午後は　いかがですか。
그렇습니까?　그렇다면, 내일　오후는　어떻습니까?

けっこうです。
좋습니다.

では、ごご　一時に　事務所で　会いましょうか。
그러면　오후　한 시에　사무소에서　만날까요?

はい、いいです。
예,　좋습니다.

一時に　うかがいますので　よろしく　おねがいします。
한 시에　찾아뵙겠으니　　　　잘　　부탁드립니다.

では、一時に　事務所で　待って　います。
그러면　한 시에　사무소에서　기다리겠습니다.

失礼いたしました。
실례했습니다.

한자읽기	先日	相談	一度	会う	午後	事務所	失礼
	せんじつ	そうだん	いちど	あ	ごご	じむしょ	しつれい

141

문/형/연/습

01 鄭先生の お宅でしょう。
정 선생님 댁이지요?

あの人は たぶん かんごふさん でしょう。
あしたは たぶん 雪が ふる
試験は たぶん むずかしい
あの人は たぶん 彼女が すき

어휘익히기

01
宅(たく) 댁
たぶん 아마
かんごふ 간호사
雪(ゆき) 눈
ふる 내리다
試験(しけん) 시험
むずかしい 어렵다
　↔やさしい 쉽다
彼女(かのじょ) 그녀
すきだ 좋아하다
　↔きらいだ 싫어하다

02 あとで でんわを かけて ください。
나중에 전화를 걸어 주세요.

ご家族の みなさまにも 伝えて ください。
お待ちに なって
ちょっと まって

02
かける 걸다
家族(かぞく) 가족
みなさま 여러분
伝(つた)える 전하다
待(ま)つ 기다리다

03 私が ご案内 いたします。
제가 안내하겠습니다.

私が その 荷物を お持ち します。
　　その 本を お読み　（いたします）
　　ご連絡　　　　　　（申し上げます）
　　お呼び

03
案内(あんない) 안내
荷物(にもつ) 짐
持(も)つ 들다
連絡(れんらく) 연락
呼(よ)ぶ 부르다
申(もう)し上(あ)げる
　~해 드리다

풀이 **01.** [저 사람은 아마 간호사/내일은 아마 눈이 내리/시험은 아마 어렵/저 사람은 아마 그녀를 좋아하]겠지요? **02.** [가족 여러분에게도 전해/기다리/잠깐 기다려] 주세요. **03.** 제가 [그 짐을 들어/그 책을 읽어/연락해/불러] 드리겠습니다.

13. 電話

04 先生が お着きに なりました。
선생님이 도착하셨습니다.

先生が 本を お読み に なりました。
　　　 車を お降り
　　　 手紙を お書き
　　　 お出かけ

어휘익히기

○ 04
着(つ)く 도착하다
本(ほん) 책
読(よ)む 읽다
車(くるま) 차
降(お)りる 내리다
手紙(てがみ) 편지
書(か)く 쓰다
出(で)かける 나가다

05 あした 五時に 会いましょう。
내일 5시에 만납시다.

あたたかい コーヒーを のみ ましょう。
いっしょに 映画を 見に 行き
ソウル駅の 前で 一時に 会い

○ 05
会(あ)う 만나다
あたたかい 따뜻하다
いっしょ 함께
映画(えいが) 영화
駅(えき) 역

06 何時に どこで 会いましょうか。
몇 시에 어디서 만날까요?

えいがを 見に 行き ましょうか。
先生の お宅へ 行き
へやの まどを あけ
郵便局の 入口で 会い

○ 06
へや 방
まど 창문
あける 열다
郵便局(ゆうびんきょく)
　우체국
入口(いりぐち) 입구

풀이
04. 선생님이 [책을 읽으셨/차에서 내리셨/편지를 쓰셨/외출하셨]습니다.　05. [따뜻한 커피를 마십/함께 영화를 보러 갑/서울역 앞에서 1시에 만납]시다.　06. [영화를 보러 갈/선생님 댁에 갈/방의 창문을 열/우체국 입구에서 만날]까요?

문/법/교/실

❶ もしもし   여보세요

감동사로서 사람을 부르는 말이다. 주로 전화할 때 쓰이지만, 때로는 대화에서도 쓰이고 있다.

　　もしもし、鄭先生の お宅でしょうか。 ← 전화에서
　　여보세요, 정 선생님 댁입니까?

요점정리

✽ ～の お宅でしょうか。
　～의 댁입니까?
　～は お宅でしょうか。
　～은 계십니까?

❷ ～ましょう、～ましょうか   ～합시다, ～할까요?

'～ましょう'는 '동사의 ます형+ましょう'의 형태로서, 함께 하자고 청하는 표현이다.
'～ましょうか'는 '동사의 ます형+ましょうか'의 형태로서, 상대방의 의향을 묻는 표현이다.

✽ ～ましょう ～합시다
　(주로 권유에 쓰임)

❸ いらっしゃいますか。   계십니까?

(1) 'いらっしゃる(계시다)'는 'いる(있다)'의 존경어이다.
(2) 'いらっしゃる'의 뜻은 '가시다, 오시다, 계시다, ～이십니다'로 사용된다.

　　先生、どこへ いらっしゃいますか。
　　선생님, 어디 가십니까?

　　先生は 教室に いらっしゃいます。
　　선생님은 교실에 계십니다.

　　先生が いらっしゃいました。
　　선생님이 오셨습니다.

　　おくさまで いらっしゃいますか。
　　사모님이십니까?

✽ いらっしゃる
　가시다, 오시다, 계시다

❹ しだい

(1) 동사의 ます형+しだい : ～하는 즉시, ～하는 대로

✽ しだい
　① ～대로, 즉시
　② 차츰
   ③ 순서

(2) しだいに(부사적으로) : 점차로, 차차

　　もどりしだい お電話を さしあげるように いいましょうか。
　　돌아오는 즉시 전화를 올리도록 말할까요?

　　しだいに あかるく なりました。
　　점차로 밝아졌습니다.

❺ 留守　　집을 비움, 부재중

'留守'의 뜻은 잘못 해석하기 쉬운 낱말이다. 즉, '집에 남아서 지킨다'라는 뜻이 아니고, '집을 비우다', '부재중(不在中)'이라는 뜻이다.

　　田中さんは 今 留守です。
　　다나카 씨는 지금 부재중입니다.

❻ お+동사의 ます형+ください

상대방으로부터 어떤 행동을 요구할 때에 쓰이는 말이다. 'くれる'의 높임말이 'くださる'이고, 명령형 'ください'는 'くれ'의 높임말이다. 접두어 'お' 없이 '〜て ください'로 말하는 경우에는 아무리 높임말이라 할지라도 명령조가 되기 때문에 윗사람에게 그대로 쓰는 것은 실례가 된다. 그러므로 이때 'お'를 붙여서 표현하면 상대방에게 경의를 표하는 말이 된다.

　　書いて ください。 → お書き ください。
　　써 주세요.　　　　　　　써 주십시오.

❼ お+동사의 ます형+する／いたす

겸손한 표현, 즉 '겸양의 표현'에 의한 경어의 형식이다. 자기의 동작 행위가 상대방에게 어떤 관계를 가지는 경우에는 접두어 'お'를 붙인다. 그러나 상대방과 아무런 관계없이 자기만으로 끝나는 경우에는 이 형식을 취하지 않는다.

　　私が お持ち いたします。
　　제가 들겠습니다.

요점정리

* 존경 표현
　お+동사의 ます형+になる

　겸양 표현
　お+동사의 ます형+します／いたします

　존경의 명령 표현
　お+동사의 ます형+ください

문/법/교/실

⑤ お+동사의 ます형+に なる

이것은 상대방의 행동에 대하여 존경을 표시하는 경어 표현법이다. 그러나 모든 동사가 여기에 적용되는 것은 아니고, '行く(가다), 来る(오다), 居る(있다), 寝る(자다)' 등과 같이 자체 존경어가 있는 동사는 표현 방법이 다르다.

즉, '行く, 来る, 居る'는 'いらっしゃる' 혹은 'おいでに なる'로 표현하고, '寝る'는 'おやすみに なる'로 표현한다.

요점정리

✱ 자체 존경어가 있으면 사용하지 않는다.
お行きに なる(×)
いらっしゃる(○)

おねに なる(×)
おやすみに なる
주무시다(○)

회화

A : もしもし、電話を かわりました。
　　私が 鄭ですが。
B : あ、鄭さん。私、東京の 田中です。
　　ごぶさたしております。
A : やあ、田中さん。ほんとうに ひさしぶりですね。
　　お変わり ありませんか。
B : ええ、おかげさまで 相変わらずです。

A : 여보세요, 전화 바꿨습니다. 제가 정입니다만.
B : 아, 정씨. 저 동경의 다나카입니다. 오랫동안 소식 전하지 못했습니다.
A : 야아, 다나카 씨. 정말로 오래간만이군요. 별고 없습니까?
B : 예, 덕택에 별고 없습니다.

연/습/문/제  Exercise

01 다음 한자의 읽기를 쓰고 뜻을 말하시오.

(1) 留守

(2) 赤電話

(3) 元気

02 다음 일본어를 우리말로 옮기시오.

(1) もどりしだい おでんわを さしあげるように いいましょうか。それとも なにか おことづけでも……。

(2) さっき おでんわを さしあげたものですが……。

(3) あいにく 今 留守を して おります。

(4) もしもし、田中さんの お宅(たく)でしょうか。

(5) 先生(せんせい)は お帰(かえ)りに なりましたでしょうか。

도움말

01
(1) 留守(るす)
   =不在(ふざい)

02
(1) 동사의 ます형+しだい
   ~대로, 즉시

(5) お+동사의 ます형+になる → 존경 표현

해답

01. (1) るす : 부재 (2) あかでんわ : 공중전화 (3) げんき : 건강 **02.** (1) 돌아오는 즉시 전화를 드리도록 말할까요? 아니면 무슨 전할 말이라도……. (2) 아까 전화를 올린 사람입니다만……. (3) 공교롭게도 지금 부재중입니다. (4) 여보세요, 다나카 씨 댁입니까? (5) 선생님은 돌아오셨습니까?

14 韓国のドラマも 見ることが できる。

중요문형

① わたしは 字幕なしで 見ることが できる。
　　나는　　　자막 없이　　　볼 수가　　있다.

② 韓国語が しゃべれます。
　　한국어를　말할 수 있습니다.

③ 日本語しか 習って いないですけど。
　　일본어밖에　　배우지　　않았습니다만.

④ 韓国語が 話せるように なりました。
　　한국어를　　말할 수 있게　　되었습니다.

A 今年の ゴールデンウィークには 韓国へ 行きます。
　　　금년　　골든 위크에는　　　　　　한국에　갑니다.

ほんとうですか。
정말입니까?

はい、ソウルで ヨン様の ファンミーティングが ありますので。
네，　서울에서　욘사마의　　팬미팅이　　　　　　　있어서요.

うらやましいですね。韓国語は しゃべれますか。
부럽네요.　　　　　　한국어는　말할 수 있습니까?

いえ、それで 昨日から 韓国語を 習いに 塾に 通っています。
아니요, 그래서　어제부터　한국어를　배우러　학원에 다니고 있습니다.

한자읽기　字幕　見る　韓国語　日本語　習う　話せる　様　昨日　塾　通う

14. 韓国のドラマも 見ることが できる。

B
　　　강 꼬꾸 고　　　무즈까　　　　　　　　하쯔 온
　　韓国語は　難しくないですか。　発音とか。
　　한국어는　　어렵지 않습니까?　　　발음이라든가.

　　　　　　　　　오모시로
　　はい、でも　面白いです。
　　네,　　하지만 재미있습니다.

　　　　　　　　　　　　　　　　나랏
　　まだ「アンニョンハセヨ」しか　習って　いないですが。
　　아직　「안녕하세요」밖에　　　　배우지　않았습니다만.

　　　죠ー즈　　　　　　　강 꼬꾸　　　　　　지 마꾸
　　上手に　なったら　韓国の　ドラマも　字幕なしで
　　능숙해지면　　　　한국　　드라마도　자막 없이

　　　미
　　見ることが　できます。
　　볼　수　　　있습니다.

C
　　　　　　　강 꼬꾸　도모　　　　　　　　　　오꾸
　　そして、韓国の　友だちに　Eメールを　送ることも　できます。
　　그리고　　한국　친구에게　이메일을　보낼 수도　　있습니다.

　　　　　　강 꼬꾸　　　　도모　　　　가오　　미
　　また、韓国に　いる　友だちと　顔を　見ながら
　　또한　　한국에　　있는　친구와　얼굴을　보면서

　　チャットも　できます。
　　채팅도　　　할 수 있습니다.

　　　　　　　　　　　　　　　벤 리
　　インターネットって　やっぱり　便利ですね。
　　인터넷이라는 건　　　역시　　편리하군요.

　　　　후유야쓰　　　　　　　　　　　　　나라
　　この　冬休みには　いっしょけんめいに　習う　つもりです。
　　이번　겨울방학에는　열심히　　　　　　배울　생각입니다.

| 한자읽기 | むずかしい 難しい | はつおん 発音 | おもしろい 面白い | じょうず 上手 | とも 友だち | おく 送る | かお 顔 | べんり 便利 | ふゆやすみ 冬休み |

Text 14

D 鄭さん、あなたは 日本語を 話すことが できますか。
　　정씨,　　당신은　　일본어를　　말할 수　　있습니까?

　まだ 少ししか できません。
　아직　조금밖에　할 수 없습니다.

　日本語は どこで 習いましたか。
　일본어는　어디서　배웠습니까?

　学校で 習いました。
　학교에서　배웠습니다.

　日本語は むずかしく ありませんか。
　일본어는　어렵지　　않습니까?

　大変 むずかしいです。
　대단히 어렵습니다.

　なによりも 日本語の 漢字の 読み方が むずかしいです。
　무엇보다도　일본어　한자　읽는 방법이 어렵습니다.

E あなたは 日本語の 新聞が 読めますか。
　　당신은　일본어　신문을　읽을 수 있습니까?

　だいたい 読めますが、 むずかしい 言葉は じしょを
　대체로　읽을 수 있습니다만, 어려운　　단어는　사전을

한자읽기　日本語　話す　少し　習う　学校　大変　漢字　読み方　新聞
　　　　　　読める　言葉

14. 韓国のドラマも 見ることが できる。

ひいたり、先生に 聞いたり します。
찾거나   선생님에게 묻거나   합니다.

会話の 練習は 録音テープを 聞きながら して います。
회화   연습은   녹음 테이프를   들으면서   하고 있습니다.

いまのところ 短い文は じょうずに よめるように
지금은(현재로서는) 짧은 문장은 잘   읽을 수 있게

なりましたが、長い文は まだ へたです。
되었지만,   긴 문장은   아직   서툽니다.

じょうずには よめません。
잘   읽을 수 없습니다.

| 한자읽기 | 聞く | 会話 | 練習 | 録音 | 短い文 | 長い文 |

문/형/연/습

01
<ruby>私<rt>와따시</rt></ruby>は <ruby>英語<rt>에-고</rt></ruby>が できます。
나는 영어를 할 수 있습니다.

<ruby>私<rt>와따시</rt></ruby>は うんてん が できます。
　　　　<ruby>泳ぎ<rt>오요</rt></ruby>
　　　　<ruby>日本語<rt>니홍고</rt></ruby>

어휘익히기
01
英語(えいご) 영어
できる 할 수 있다, 생기다, 되다
うんてん 운전
泳(およ)ぐ 헤엄치다
日本語(にほんご) 일본어

02
<ruby>私<rt>와따시</rt></ruby>は <ruby>日本語<rt>니홍고</rt></ruby>を <ruby>話<rt>하나</rt></ruby>すことが できる。
나는 일본어를 말할 수 있다.

<ruby>私<rt>와따시</rt></ruby>は ピアノを ひく ことが できる。
　　　　ラジオを <ruby>作る<rt>쯔꾸</rt></ruby>
　　　　<ruby>刺身<rt>사시미</rt></ruby>を たべる

02
話(はな)す 말하다
ひく 치다
作(つく)る 만들다
刺身(さしみ) 회
たべる 먹다

03
<ruby>私<rt>와따시</rt></ruby>は <ruby>韓国語<rt>강꼬꾸고</rt></ruby>が <ruby>話<rt>하나</rt></ruby>せます。
나는 한국어를 말할 수 있습니다.

<ruby>私<rt>와따시</rt></ruby>は <ruby>ドイツ語<rt>고</rt></ruby> が <ruby>話<rt>하나</rt></ruby>せます。
　　　　<ruby>日本語<rt>니홍고</rt></ruby>
　　　　<ruby>英語<rt>에-고</rt></ruby>

03
ドイツ語(ご) 독일어

풀이
01. 나는 [운전/수영/일본어]를 할 수 있습니다.　**02.** 나는 [피아노를 칠/라디오를 만들/생선회를 먹을] 수 있다.　**03.** 나는 [독일어/일본어/영어]를 말할 수 있습니다.

14. 韓国の ドラマも 見ることが できる。

04　ごはんを　たべながら　勉強(べんきょー)します。
　　밥을　　　먹으면서　　　공부합니다.

　　テレビを　見(み)ながら　勉強(べんきょー)します。
　　おかしを　たべ
　　歩(あるー)き

어휘익히기

○ 04
ごはん 밥
〜ながら 〜면서
勉強(べんきょう) 공부
おかし 과자
歩(ある)く 걷다

05　じしょを　ひいたり　先生(せんせー)に　聞(き)いたり　します。
　　사전을　　찾거나　　　선생님에게 묻거나　　　합니다.

　　日本語(にほんご)で　話(はな)し たり　英語(えーご)で　話(はな)し たり　します。
　　ピアノを　ひい　　　　　　　うたを　歌(うたっ)
　　音楽(おんがくー)を 聞(きー)い　　　テレビを　み

○ 05
じしょ 사전
ひく 치다, 찾다
聞(き)く 묻다, 듣다
話(はな)す 이야기하다
ピアノ 피아노
音楽(おんがく) 음악
うた 노래
歌(うた)う 부르다

06　日本語(にほんご)が　話(はな)せるように　なりました。
　　일본어를　　말할 수 있게　　　되었습니다.

　　安(やすー)く　買(かー)える　ように　なりました。
　　漢字(かんじー)が　書(かー)ける
　　ピアノが　ひける

○ 06
〜ように なる
　〜하게 되다
安(やす)い 싸다
　↔高(たか)い 비싸다
買(か)える 살 수 있다
漢字(かんじ) 한자
書(か)ける 쓸 수 있다
ひける 칠 수 있다

풀 이　04. [텔레비전을 보/과자를 먹으/걸으]면서 공부합니다.　05. [일본어로 이야기하/피아노를 치/음악을 듣]거나 [영어로 이야기하/노래를 부르/텔레비전을 보]거나 합니다.　06. [싸게 살 수/한자를 쓸 수/피아노를 칠 수] 있게 되었습니다.

153

문/법/교/실

❶ 가능표현

(1) 동사의 기본형 + ことが できる

어떤 일에 대한 가능을 표현하는 문형이다.

활용의 종류를 가리지 않고 모든 동사를 가능 표현으로 만들 때 가장 자유스럽게 쓰일 수 있는 꼴이다.

読む 읽다 → 読む ことが できる 읽을 수 있다
書く 쓰다 → 書く ことが できる 쓸 수 있다

(2) 체언 + が できる

私は うんてんが できる。 나는 운전을 할 수 있다.
私は 泳ぎが できる。 나는 수영을 할 수 있다.
私は スケートが できる。 나는 스케이트를 탈 수 있다.

요점정리

✱ 명사를 수식하는 동사의 형태는 기본형과 같다.

✱ 'できる' 앞에서는 조사 'を'를 쓰지 않고, 'が'를 쓰는 것에 유의한다.

❷ 가능동사

동사 그 자체를 가능형으로 만들 수 있다.

가능동사로 만들기 위해서는 5단동사는 え단으로 끝나는 1단동사로 만든다. 1단동사는 동사의 어간에 'られる'를 붙인다.

또한 조사는 'を'를 쓰면 안 되고, 'が'를 써야 한다.

		가능동사	
読む	읽다(5단동사)	→ 読める	읽을 수 있다(1단동사)
飲む	마시다(5단동사)	→ 飲める	마실 수 있다(1단동사)
食べる	먹다(1단동사)	→ 食べられる	먹을 수 있다(1단동사)
見る	보다(1단동사)	→ 見られる	볼 수 있다(1단동사)

✱ 가능동사는 조사 'を'가 아니고, 'が'를 취한다.

✱ 5단동사를 가능동사로 만드는 방법은 5단동사의 어미를 'え단'으로 고친 후, 'る'를 붙이면 된다.

❸ 조사 'しか'

'しか'는 '오직 그것뿐'임을 강조하는 경우에 사용하며, 언제나 뒤에 부정문이 온다.

✱ 'しか' 뒤에는 언제나 부정문이 따른다.

14. 韓国の ドラマも 見ることが できる。

教室の中に 一人しか いません。
교실 안에 한 사람밖에 없습니다.

つくえと いすしか ありません。
책상과 의자밖에 없습니다.

긍정문으로 바꿀 때에는 'だけ'로 바꾼다.
二人しか いません。 두 사람밖에 없습니다.
二人だけです。 두 사람뿐입니다.

요점정리

✻ 'しか'는 긍정문으로 취하지 못하므로, 'だけ'로 바꾸어서 긍정문을 취한다.

❹ 조사 'ながら'

'ながら'는 '동사의 ます형+ながら' 꼴로 두 개의 동작이 동시에 행해진다는 뜻을 나타낸다. 해석은 '~하면서, ~하면서도'이다. 상반 관계일 때에는 '~인데도 불구하고, ~하지만'으로 해석한다.

話しながら 歩きます。
이야기하면서 걷습니다.

やせていながら 丈夫です。
야위었지만 튼튼합니다.

'ながら'가 い형용사의 기본형이나 な형용사의 어간, 또는 명사에 연결되었을 때에는 역접(~이나, ~지만)으로 해석된다.

幼いながら 力が 強い。
어리지만 힘이 세다.

この カメラは 小型ながら よく 写る。
이 카메라는 소형이지만 잘 찍힌다.

'ながら'가 접미어로 사용될 때에는 '그대로', '모두 다'로 해석한다.

昔ながらの 習慣。
옛날 그대로의 습관.

二つながら 成功した。
둘 모두 성공했다.

✻ ながら
동사의 ます형에 접속될 때에는 순접과 역접이 있다. い형용사와 な형용사에 연결될 때에는 무조건 역접이다.

문/법/교/실

❺ ～って

'～って'는 '～と いうのは(～라는 것은)'의 의미로 쓰일 때도 있고, 또 상대방이 말한 것을 다시 들어 그것을 제시하고 그에 대해 대답·반문·의의를 제기할 때도 쓴다.

人生(じんせい)って なんだ。
인생이란 무엇인가?

花子(はなこ)さんは 韓国(かんこく)へ 旅行(りょこう)するんだって。
하나코 씨는 한국으로 여행을 떠난대.

> **요점정리**
>
> ✱ ～って
> ～라는 것은, ～라고 하더라, ～한대

회화

A : 日本語(にほんご)の 会話(かいわ)は どうしたら うまく 話(はな)せるでしょうか。

B : そうですね。できるだけ 日本語(にほんご)で 話(はな)す ように つとめることですね。
そうすれば じきに 上達(じょうたつ)するだろうと 思(おも)いますよ。

A : どうも。いつも お世話(せわ)に なりまして もうしわけ ございません。

A : 일본어 회화는 어떻게 하면 잘할 수 있을까요?
B : 글쎄요. 가능한 일본어로 말하도록 노력하세요.
　　그렇게 하면 곧 숙달될 것이라고 생각합니다.
A : 고맙습니다. 언제나 신세를 져서 죄송합니다.

연/습/문/제

01 다음 문장을 보기와 같이 바꾸어 보세요.

> [보기]　私は 日本語を 話すことが できます。
> → 私は 日本語が 話せます。

(1) 私は 漢字を 書くことが できます。

(2) 私は 泳ぐことが できます。

(3) 私は ラジオを なおすことが できます。

(4) 私は 大学へ 行くことが できます。

02 다음 우리말을 일본어로 옮기시오.

(1) 당신은 일본어를 잘할 수 있습니까?

(2) 텔레비전을 보면서 일본어를 공부합니다.

(3) 나는 규칙을 지킬 수 있습니다.

도움말

01
5단동사를 가능동사로 만들 때 5단동사의 어미를 え단으로 고친 후, 'る'를 붙인다. 조사는 'を'가 아니라 'が'를 쓴다.

02
(1) 잘 : よく

(2) 보다 : 見(み)る
　　공부 : 勉強(べんきょう)

(3) 규칙 : きそく
　　지키다 : 守(まも)る

해답

01. (1) 私は 漢字が 書けます。 (2) 私は 泳げます。 (3) 私は ラジオが なおせます。 (4) 私は 大学へ 行けます。　**02.** (1) あなたは 日本語が よく できますか。 (2) テレビを 見ながら 日本語を 勉強します。 (3) 私は きそくが まもれます。

15 道案内

중요문형

① ここから どう 行ったら いいですか。
　여기서부터 어떻게 가면 좋습니까?

② 夜景を 見に 行くんですか。
　야경을 보러 갑니까?

③ まっすぐ 行って 三つ目の 角で 右に 曲がると すぐ 見えます。
　곧장 가서 세번째 모퉁이에서 오른쪽으로 돌면 바로 보입니다.

④ バスに 乗った ほうが いいと 思います。
　버스를 타는 편이 낫다고 생각합니다.

A すみません。あの、東京タワーに 行きたいんですが、
　　실례합니다. 저기, 도쿄타워에 가고 싶은데

　ここから どう 行ったら いいか ご存じですか。
　여기에서 어떻게 가면 되는지 아세요?

　観光客ですか。夜景を 見に 行くんですね。
　관광객입니까? 야경을 보러 가는 거군요.

　ここは 六本木と いう ところです。
　여기는 롯폰기라고 하는 곳입니다.

한자읽기 　道(みち)　案内(あんない)　行く(い)　夜景(やけい)　三つ目(みつめ)　角(かど)　右(みぎ)　曲がる(ま)　見える(み)　乗る(の)
　思う(おも)　東京(とうきょう)タワー　ご存じ(ぞん)　観光客(かんこうきゃく)　六本木(ろっぽんぎ)

15. 道案内

この道を まっすぐ 行って 三つ目の 角で 右に 曲がると
이 길을 곧장 가서 세번째 모퉁이에서 오른쪽으로 돌면

すぐ 見えます。
바로 보입니다.

でも、けっこう 歩くので バスに 乗った ほうが いいと
하지만 꽤 걷기 때문에 버스를 타는 편이 낫다고

思います。
생각합니다.

B そうですか。バスは どこで 乗りますか。
그렇습니까? 버스는 어디서 탑니까?

あそこに 高い 建物が 見えますね。
저기에 높은 건물이 보이지요.

あの 建物の すぐ 隣に バス停が あります。
저 건물 바로 옆에 버스 정류장이 있습니다.

35番 バスに 乗ったら 終点が 東京タワーです。
35번 버스를 타면 종점이 도쿄타워입니다.

ああ、そうですか。お忙しい所 ありがとうございます。
아, 그렇습니까? 바쁘신 데 감사합니다.

いい 思い出を 作れると いいですね。
좋은 추억을 만들 수 있으면 좋겠네요.

한자읽기 歩く 高い 建物 隣 バス停 番 終点 忙しい 所 思い出 作れる

159

Text 15

G
なかなか　バスが　来^きませんね。
좀처럼　　　버스가　　오지 않네요.

電車^{덴샤}で　行^잇った　ほうが　いいですよ。
전차로　　가는　　편이　　좋습니다.

バスより　電車^{덴샤}の　ほうが　はやいと　思^{오모}います。
버스보다　　전차　　쪽이　　빠르다고　　생각합니다.

そうですね。では、電車^{덴샤}で　行^이きましょう。
그렇군요.　　　그럼　전차로　　갑시다.

| 한자읽기 | 電車^{でんしゃ} |

160

문/형/연/습

01 バスの 停留所は どこですか。
　　　버스　 정류장은　 어디입니까?

- ソウル駅 は どこですか。
- 韓国銀行
- 美術館
- 東京ホテル

어휘익히기

01
停留所(ていりゅうじょ) 정류장
ソウル駅(えき) 서울역
韓国銀行(かんこくぎんこう) 한국은행
美術館(びじゅつかん) 미술관
東京(とうきょう) 도쿄
ホテル 호텔

02 鐘路へ 行く バスです。
　　　종로로　가는　버스입니다.

わたしが 乗る 飛行機 です。
　　　　降りる 停留所
　　　　のむ ジュース

02
乗(の)る 타다
飛行機(ひこうき) 비행기
降(お)りる 내리다
のむ 마시다
ジュース 주스

03 まっすぐ 行くと 地下鉄の 駅が あります。
　　　똑바로　 가면　 지하철역이　 있습니다.

- かどを まがる と　橋が あります。
- ここで 降りる　　駅が 近いです。
- 左に 曲がる　　　停留所が 見えます。

03
まっすぐ 똑바로
地下鉄(ちかてつ) 지하철
左(ひだり) 왼쪽
曲(ま)がる 돌다
橋(はし) 다리
近(ちか)い 가깝다
見(み)える 보이다

풀이
01. [서울역/한국은행/미술관/도쿄호텔]은 어디입니까? 02. 내가 [탈 비행기/내릴 정류장/마실 주스]입니다. 03. [모퉁이를 돌/여기서 내리/왼쪽으로 돌]면 [다리가 있습니다/역이 가깝습니다/정류장이 보입니다].

문/형/연/습

04 この バスは 駅の前を 通りますか。
　　　 이　 버스는　역 앞을　통과합니까?

　　　 この バスは [公園の前 / ターミナル / 駅の近く] を 通りますか。

어휘익히기

○ 04
通(とお)る 통과하다
公園(こうえん) 공원
前(まえ) 앞
ターミナル 터미널
近(ちか)く 근처

05 バスに 乗って ください。
　　　 버스에　타　주십시오.

　　　 [そこに 立っ / 道の 右側を 歩い / ここを 通っ / ここで しゃしんを とっ] て ください。

○ 05
立(た)つ 서다
道(みち) 길
右側(みぎがわ) 오른쪽
歩(ある)く 걷다
しゃしん 사진
とる 찍다

풀이 　04. 이 버스는 [공원 앞/터미널/역 근처]를 통과합니까?　05. [거기에 서/길 오른쪽을 걸어/
　　　　여기를 통과해/여기에서 사진을 찍어] 주십시오.

문/법/교/실

❶ ～て ください　　～해 주십시오

접속조사 'て'와 'くださる(주시다)'의 명령형 'ください'가 합쳐져서 '남이 나에게 ~해 주는 것'을 나타내는 표현이다. 즉, 동작을 부탁하는 공손한 표현이다.

答えを 書いて ください。
답을 써 주십시오.

タクシーを 呼んで ください。
택시를 불러 주십시오.

手紙を 見せて ください。
편지를 보여 주십시오.

동작의 금지를 부탁할 때에는 '동사의 ない형+ないで ください'를 쓴다.

答えを 書かないで ください。
답을 쓰지 말아 주십시오.

あしたは 来ないで ください。
내일은 오지 말아 주십시오.

私を 忘れないで ください。
나를 잊지 말아 주십시오.

先生に 話さないで ください。
선생님에게 말하지 말아 주십시오.

❷ 조사 'に'의 특별한 해석

조사 'に'가 'に+자동사'의 모양으로 쓰일 때에는 'に'를 우리말의 '을'로 해석한다.

電車に 乗る。 전차를 타다.

요점정리

✻ 'くださる'는 경어로서 5단동사이다. ます형으로 활용되며, 명령형은 'くださいます', 'ください'이다.

✻ 차를 타거나 하는 경우에는 '～に 乗る'로 표현한다. 반대로, 내릴 때에는 '～を 降りる'로 표현한다.

163

문/법/교/실

<ruby>友達<rt>ともだち</rt></ruby>に <ruby>会<rt>あ</rt></ruby>う。 친구를 만나다.
<ruby>父<rt>ちち</rt></ruby>に <ruby>似<rt>に</rt></ruby>る。 아빠를 닮다.

❸ 동사의 기본형 + と

가정적 조건을 나타낼 때나 일정한 조건 밑에서 필연적 사항이 일어날 때, 즉 어떤 동작이 이루어진 결과, 필연적으로 다른 작용과 일이 계속해서 일어날 경우에 쓰는 표현이다. 'と'는 '~하면'이라는 의미이다.

その <ruby>角<rt>かど</rt></ruby>を <ruby>右<rt>みぎ</rt></ruby>に <ruby>曲<rt>ま</rt></ruby>がると <ruby>学校<rt>がっこう</rt></ruby>が あります。
그 모퉁이를 오른쪽으로 돌면 학교가 있습니다.

<ruby>夜<rt>よる</rt></ruby>に なると くらく なります。
밤이 되면 어두워집니다.

<ruby>1<rt>いち</rt></ruby>に <ruby>2<rt>に</rt></ruby>を たすと <ruby>3<rt>さん</rt></ruby>に なります。
1에 2를 더하면 3이 됩니다.

> **요점정리**
>
> ✻ 'と'는 필연적, 습관적, 반복적인 표현을 나타낼 때 쓴다. (명령・권유 등 의지 표현에는 쓰지 못한다)

❹ 동사 た형 + ほうが いいです

'~た ほうが いいです'는 '~하는 편이 좋습니다'라는 의미로, 조언이나 충고를 할 때 쓰인다.

<ruby>早<rt>はや</rt></ruby>く <ruby>帰<rt>かえ</rt></ruby>った ほうが いいです。
빨리 돌아가는 편이 좋습니다.

バスで <ruby>行<rt>い</rt></ruby>った ほうが いいです。
버스로 가는 편이 좋습니다.

✻ 동사의 た형은 て형과 똑같은 규칙으로 활용하여 접속한다.

15. 道案内

회화

A : ちょっと お尋ねしますが、ソウル駅は どう 行ったら いいでしょうか。

B : ソウル駅ですか。あの 高い 建物が 見えますね。

A : はい、見えます。

B : あの 建物が ソウル駅です。

A : どうも ありがとうございます。

B : どういたしまして。

A : 잠시 여쭙겠습니다만, 서울역은 어떻게 가면 좋을까요?
B : 서울역 말입니까? 저 높은 건물이 보이지요.
A : 예, 보입니다.
B : 저 건물이 서울역입니다.
A : 감사합니다.
B : 천만의 말씀입니다.

연/습/문/제

01 다음 □ 안에 알맞은 조사를 써 넣으시오.

(1) バス□ ここ□□ どこ□ 行きますか。

(2) この バスは 駅の前□ 通りますか。

(3) うち□□ 学校□□ どのくらい かかりますか。

(4) 右に まがる□ 小さい 橋が あります。

02 다음 우리말을 일본어로 옮기시오.

(1) 잠시 여쭤 보겠습니다만.

(2) 버스를 내렸습니다.

(3) 미술관에 가는 버스는 여기를 지나갑니까?

(4) 좀처럼 버스가 오지 않습니다.

도움말

01

(1) 버스는 여기서부터 어디로 갑니까?

(2) 이 버스는 역 앞을 통과합니까?

(3) 집에서 학교까지 어느 정도 걸립니까?

(4) 오른쪽으로 돌면 작은 다리가 있습니다.

02

(1) 잠시 : ちょっと

(2) ~을 내리다 : ~を おりる

(3) 미술관 : 美術館(びじゅつかん)
　지나가다 : 通(とお)る

(4) 좀처럼 : なかなか(긍정문에서는 '꽤'의 뜻으로 쓰임)

해 답　**01.** (1) は, から, へ　(2) を　(3) から, まで　(4) と　**02.** (1) ちょっと おたずねしますが。(2) バスを おりました。(3) 美術館へ 行く バスは ここを 通りますか。(4) なかなか バスが 来ません。

16 体の 具合が よくない。

중요문형

1. きょうは 大変 疲れて 見えますね。
   오늘 대단히 피곤해 보이는데요.

2. 心配しなくても いいです。
   걱정하지 않아도 좋습니다.

3. 病院に 行っては どうですか。
   병원에 가는 것이 어떻습니까?

4. 気を つけなければ なりません。
   주의하지 않으면 안됩니다.

5. おふろに 入っては いけません。
   목욕을 해서는 안됩니다.

A

鄭さん、 きょうは 大変 疲れて 見えますね。
정씨, 오늘 매우 피곤해 보이네요.

ええ、 ちょっと 体の 具合が よくないよ。
응, 좀 몸 컨디션이 좋지 않아.

病院に 行っては どうですか。
병원에 가는 게 어떻습니까?

これくらいの ことで、 病院へ 行く 必要は ないよ。
이 정도의 일로 병원에 갈 필요는 없어.

한자읽기 体(からだ) 具合(ぐあい) 大変(たいへん) 疲れる(つかれる) 心配(しんぱい) 病院(びょういん) 入る(はいる) 必要(ひつよう)

Text 16

でも、気を つけなければ ならないですよ。
하지만 조심하지 않으면 안돼요.

B (次の日　病院で)
다음날　병원에서

どうしましたか。
어디가 아픕니까?

昨日から おなかが いたいんです。
어제부터　배가　아픕니다.

熱を はかってみましょう。
열을　재 봅시다.

少し 熱が ありますね。
조금　열이　있네요.

体中が 痛くて たまりません。
몸 전체가 아파서　못 견디겠어요.

そんなに 心配しなくても いいですが、
그렇게　걱정하지 않아도　됩니다만,

薬を 飲んで ゆっくり 休んだ ほうが いいですよ。
약을　먹고　푹　쉬는　게　좋습니다.

한자읽기	気	次	日	病院	昨日	熱	体中	痛い	薬	飲む	休む
	き	つぎ	ひ	びょういん	きのう	ねつ	からだじゅう	いた	くすり	の	やす

16. 体の 具合が よくない。

おふろに 入っても いいですか。
목욕해도　　　　　　좋습니까?

いいえ、おふろに 入っては いけません。
아니요,　목욕해서는　　　　　　안됩니다.

悪く ならないように 気を つけなければ なりません。
악화되지 않도록　　　주의해야 합니다.

はい、気を つけます。
네,　조심하겠습니다.

ありがとうございます。
감사합니다.

今 すぐ 帰って ゆっくり 休むように して ください。
지금 곧　돌아가서　푹　　　쉬도록　　　하세요.

じゃ、お大事に。
그럼,　몸조심 하세요.

| 한자읽기 | 悪い　帰る　お大事に |

169

문/형/연/습

Pattern

01 どうも 体の 具合が よくないようですね。
정말로 몸의 컨디션이 좋지 않은 듯합니다.

どうも 気分 が よくないようですね。
　　　 顔色

어휘익히기

○ 01
具合(ぐあい)
　몸의 상태, 건강 상태
気分(きぶん) 기분
顔色(かおいろ) 안색

02 そんなに 心配しなくても いいです。
그렇게 걱정하지 않아도 됩니다.

おふろに 入っ ても いいです。
これを 食べ
ざっしを もらっ

○ 02
心配(しんぱい) 걱정
ざっし 잡지
もらう 받다

03 病院に 行かなければ なりません。
병원에 가지 않으면 안됩니다.

薬を 飲ま なければ なりません。
じゅうぶん 休ま

○ 03
病院(びょういん) 병원
薬(くすり) 약
じゅうぶん 충분

풀 이 01. 정말로 [기분/안색]이 좋지 않은 듯합니다.　02. [목욕을 해/이것을 먹어/잡지를 받아]도 됩니다.　03. [약을 먹지/충분히 쉬지] 않으면 안됩니다.

16. 体の 具合が よくない。

04 おふろに 入ってはいけません。
목욕해서는 안됩니다.

> タバコを すっ ては いけません。
> コンピューターゲームなどを し
> テレビを 見

05 病院に 行っては どうですか。
병원에 가는 것이 어떻습니까?

> 公園に 行っては どうですか。
> 一杯 飲みに
> 映画を 見に

어휘익히기

04
タバコ 담배
すう 피우다
コンピューター 컴퓨터
ゲーム 게임
テレビ 텔레비전
見(み)る 보다

05
病院(びょういん) 병원
公園(こうえん) 공원
一杯(いっぱい) 한잔
飲(の)む 마시다
映画(えいが) 영화

풀이
04. [담배를 피워/컴퓨터 게임 등을 해/텔레비전을 봐]서는 안됩니다. **05.** [공원에/한잔 하러/영화를 보러] 가는 것이 어떻습니까?

문/법/교/실

❶ **～ても いいです**　　～해도 좋습니다

'동사의 ます형+～ても いいです' 혹은 '～ても かまいません'의 문형으로, 허용의 뜻을 나타낸다. 허가를 할 경우에는 '～ても いいです'라는 표현보다는 'はい、いいです', 'どうぞ' 등으로 대답한다. 불허하는 경우는 'いいえ、いけません'이라는 표현보다는 'それは ちょっと' 혹은 '～ないで ください' 등으로 대답하는 경우가 일반적이다.

映画を 見ても いいですか。 영화를 봐도 좋습니까?
おふろに 入っても いいですか。 목욕해도 좋습니까?

> **요점정리**
>
> ✱ ～ても いいです
>   =～ても かまいません
>   =～ても けっこうです
>   　～해도 좋습니다

❷ **～なければ ならない**
　～ないと いけない　　～하지 않으면 안된다
　～なくては だめだ

동사의 ない형+ なければ ならない / ないと いけない / なくては だめだ 의 꼴로, 당위나 의무를 나타내는 표현이다.

회화에서는 간단히 '～なきゃ ならない'라고도 한다.

帰ら なければ ならない。　돌아오지 않으면 안된다.
　　 ないと いけない。
　　 なくては だめだ。
　　 なきゃ ならない。

그 외에 의무의 표현은,

동사의 ない형+ ないわけには いかない / ざるを えない 의 꼴로 나타낸다.

> ✱ **의무의 표현**
> 동사의 ない형+
>   なければ ならない
>   ないと いけない
>   なくては だめだ
>   ないわけには いかない
>   ざるを えない

16. 体の 具合が よくない。

❸ どうしましたか。   어디 아프십니까?

이 표현은 상대방의 상태를 물어볼 때 쓰는 말로, 특히 병원에서 의사가 환자에게 상태를 물어볼 때 자주 쓴다. 일반인의 경우는 '무슨 일이세요?', 의사의 경우는 '어디 아프십니까?'의 의미이다.

❹ ～ては いけません   ～해서는 안됩니다

'いけません'은 상대방에게 해가 될 수 있으므로 '안된다'라고 금지를 하거나 혹은 정해진 규칙이므로 지켜야 한다고 설명할 때 쓴다. 단순한 금지는 '～ないで ください'로 표현한다.

　　おふろに 入(はい)っては いけません。 목욕해서는 안됩니다.
　　タバコを すっては いけません。 담배를 피워서는 안됩니다.

요점정리

✱ ～ては いけません
　～해서는 안됩니다
↔～ても いいです
　～해도 좋습니다

회화

A : この 博物館(はくぶつかん)では 走(はし)っては いけません。
B : あ、そうですか。
A : また、静(しず)かに しなければ ならないですよ。
B : あのう、しゃしんも とっては いけないですか。
A : いいえ、しゃしんは とっても かまいません。

A : 이 박물관에서는 뛰어서는 안됩니다.
B : 아, 그렇습니까?
A : 또 조용히 하지 않으면 안됩니다.
B : 저기, 사진도 찍으면 안됩니까?
A : 아니요, 사진은 찍어도 됩니다.

연/습/문/제

01 다음 문장을 읽고 물음에 답하시오.

> 医者：どうしましたか。
> 鄭　：昨日から 頭が いたいんです。
> 医者：熱は ないんですか。
> 鄭　：ええ、熱は ありません。
> 医者：口を 大きく 開けて ください。
> 　　　すこし 赤くなって いますね。
> 　　　そんなに ㉠걱정하지 않아도 됩니다.
> 　　　薬を 飲んで ゆっくり 休んだ ほうが いいです。
> 鄭　：おふろに 入っても いいですか。
> 医者：いいえ、おふろに 入っては ㉡＿＿＿＿＿＿。
> 　　　悪く ならないように 気を ㉢주의하지 않으면 안됩니다.
> 鄭　：はい、気を つけます。
> 　　　ありがとうございます。

도움말

01
頭(あたま) 머리
痛(いた)む 아프다
熱(ねつ) 열
赤(あか)くなる 붉어지다

(1) 鄭씨의 증상은 어떻습니까?
　① 열이 있고 머리가 아프다.
　② 기침이 나오고 열이 있다.
　③ 열은 없고 머리가 조금 아프다.
　④ 목이 아프고 열이 있다.
　⑤ 눈이 피곤하고 열이 없다.

(1) 기침 : せき
　　목 : のど

(2) 밑줄 ㉠에 알맞은 표현은?
　① 心配しても いいです
　② 心配しないと いけない
　③ 心配しなければ ならない
　④ 心配しなくても いいです
　⑤ 心配した ほうが いいです

(2) 心配(しんぱい) 걱정

16. 体の 具合が よくない。

(3) 밑줄 ㉡에 알맞은 표현은?
① ないで ください
② いけません
③ いいです
④ つけない
⑤ 休んで ください

(4) 밑줄 ㉢에 알맞지 <u>않은</u> 표현은?
① つけなければ ならないです。
② つけなくては だめです。
③ つけなくても いいです。
④ つけないと いけない。
⑤ つけないわけには いかない。

도움말

(3) 금지를 나타내는 말

02 다음 우리말을 일본어로 옮기시오.

(1) 영화를 봐도 좋습니다.

(2) 전차를 타지 않으면 안됩니다.

(3) 학교에 가는 것이 어떻습니까?

(4) 다리를 건너서는 안됩니다.

02

(1) ~해도 좋습니다 :
  ~でも いいです

(2) ~하지 않으면 안됩니다 : ~なければ ならないです

(3) ~하는 것이 어떻습니까 : ~ては どうですか

(4) ~해서는 안됩니다 :
  ~ては いけません
  다리 : 橋(はし)
  건너 : 渡(わた)る

해 답
01. (1) ③ (2) ④ (3) ② (4) ③ 02. (1) 映画を みても いいです。 (2) 電車に 乗らなければ ならないです。 (3) 学校に 行っては どうですか。 (4) 橋を わたっては いけません。

17 旅行に 行きたいです。

중요문형

① お金が あれば 行きたいです。
   돈이   있으면 가고 싶습니다.

② 雨が ふれば やめます。
   비가 내리면 중지합니다.

③ あなたが 行けば 私も 行きます。
   당신이   가면   나도 갑니다.

④ もし 雨が ふったら どうしますか。
   만일 비가 내리면   어떻게 합니까?

⑤ 雨が ふっても 行きましょう。
   비가 내리더라도 갑시다.

A 鄭さん、どこかへ 行きませんか。
     정씨,   어딘가에   가지 않겠습니까?

いいですね。
좋아요.

私は お金が あれば 景色の いい 海岸へ 行きたいです。
나는 돈이 있으면 경치가 좋은 해안에 가고 싶습니다.

金さん、あなたは どうですか。
김씨,   당신은   어떻습니까?

한자읽기 旅行(りょこう) 行く(いく) 金(かね) 雨(あめ) 景色(けしき) 海岸(かいがん)

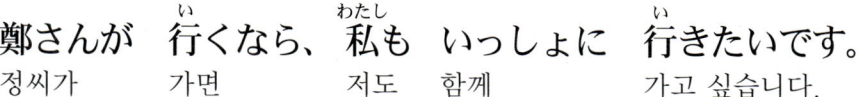

17. 旅行に 行きたいです。

鄭さんが 行くなら、私も いっしょに 行きたいです。
정씨가 가면   저도 함께   가고 싶습니다.

B 旅行は 一人では 楽しくないでしょう。
여행은 혼자서는   재미있지 않을 것입니다.

夏休みに なったら みんなで 海へ 行きましょうよ。
여름 휴가가 되면 모두   바다에 갑시다.

李さんも 機会が あれば 海で 泳いだり
이씨도   기회가 있으면 바다에서 수영하거나

魚つりを したいと 言って いました。
낚시를   하고 싶다고 말하고 있습니다.

夏休みなら 李さんも 行かれるでしょう。
여름 휴가라면 이씨도   갈 수 있을 것입니다.

弟も いっしょに 行きたがって いますよ。
남동생도 함께   가고 싶어하고 있어요.

C 費用は どのくらい かかりますか。
비용은 어느 정도   들까요?

二泊しても 二十万ウォンぐらい あれば 足りるでしょう。
2박이라도 20만 원 정도   있으면 충분할 것입니다.

한자읽기 | 一人 楽しい 夏休み 海 機会 泳ぐ 魚つり 費用 二泊 足りる

Text 17

ホテル代が 高いから 二十万ウォンでは 足りないかも
호텔비가　　비싸기 때문에 20만 원으로는　　충분하지 않을지도

しれませんよ。
모릅니다.

ホテルは 高いけれど、民宿なら 泊まれます。
호텔은　　비싸지만,　　민박이라면　숙박할 수 있습니다.

D もし あめが ふったら どう しますか。
　　만약　비가　　내리면　　어떻게 할까요?

雨が ふったら 行くのを やめましょう。
비가　내리면　　가는 것을　중단합시다.

でも、少しぐらい 雨が ふったら 行きましょう。
그러나 약간의　　　비가　내리면　갑시다.

| 한자읽기 | 高い　民泊　少し |

문/형/연/습

01 お金が あったら あそびに 行きたいです。
돈이 있으면 놀러가고 싶습니다.

じょうぶだっ たら	海で 泳ぎたいです。
夏休みに なっ	海へ 行きましょう。
友だちが 買っ	私も 買いたいです。

어휘익히기

○ 01
あそぶ 놀다
じょうぶだ 튼튼하다
夏休(なつやす)み 여름 휴가
友(とも)だち 친구
泳(およ)ぐ 헤엄치다
買(か)う 사다

02 あめが ふっても 行きます。
비가 와도 갑니다.

ねだんが 高く ても	買います。
お金が あっ	貸して あげません。
風が ふい	たおれません。

○ 02
ねだん 가격
風(かぜ) 바람
貸(か)す 빌려주다
　↔借(か)りる 빌리다
たおれる 쓰러지다

03 泳いだり 魚つりを したり します。
수영을 하기도 하고 낚시를 하기도 합니다.

歌を うたったり おどりを おどっ たり します。
テレビを 見たり ラジオを きい
薬を のんだり ちゅうしゃを し

○ 03
~たり ~たり する
　~하기도 하고 ~하기도 한다
歌(うた) 노래
うたう 부르다
おどり 춤
おどる 춤추다
薬(くすり) 약
ちゅうしゃ 주사

풀이
01. [건강하/여름 휴가가 되/친구가 사]면 [바다에서 수영하고 싶습니다/바다에 갑시다/나도 사고 싶습니다].　**02.** [가격이 비싸/돈이 있어/바람이 불어]도 [삽니다/빌려주지 않습니다/쓰러지지 않습니다].　**03.** [노래를 부르기도 하고 춤을 추/텔레비전을 보기도 하고 라디오를 듣/약을 먹기도 하고 주사를 맞]기도 합니다.

문/형/연/습

04 その 仕事なら 子どもでも できます。
그런 일이라면 아이라도 할 수 있습니다.

電話	なら	手紙より はやいです。
えんぴつ		ここに あります。
へやを 出る		電灯を 消して 行きなさい。

어휘익히기

04
子(こ)ども 아이
　↔大人(おとな) 성인
へや 방
出(で)る 나가다
はやい 빠르다
電灯(でんとう) 전등
消(け)す 끄다

05 あなたが 買えば わたしも 買います。
당신이 사면 저도 삽니다.

あなたが	行け	ば わたしも	行きます。
	のめ		のみます。
	わびれ		わびます。
	すれ		します。

05
買(か)う 사다
のむ 마시다
わびる 사죄하다
する 하다

06 雨が ふれば やめます。
비가 내리면 중지합니다.

風が ふけ	ば やめます。
じしんが あれ	
ねだんが 高けれ	
じゅぎょうが はじまれ	

06
ふる 내리다
やめる 그만두다
ふく 불다
じしん 지진
ねだん 가격
じゅぎょう 수업
はじまる 시작되다
　↔おわる 끝나다
*はじめる 시작하다
　↔おえる 끝내다

풀이
04. [전화라/연필이라/방을 나간다]면 [편지보다 빠릅니다/여기에 있습니다/전등을 끄고 나가세요]. 05. 당신이 [가/마시/사죄하/하]면 저도 [갑니다/마십니다/사죄합니다/합니다]. 06. [바람이 불/지진이 있으/가격이 비싸/수업이 시작되]면 중지합니다.

문/법/교/실

❶ 조동사 'たい'

(1) 'たい'는 1인칭, 2인칭, 말하는 사람의 희망을 나타낼 때 쓰는 조동사이다.

(2) 접속은 동사의 ます형, 동사형 조동사(せる, させる, れる, られる)의 ます형에 접속한다.

映画を 見る。 영화를 보다.
→映画が 見たい。 영화를 보고 싶다.

'たい'가 동사 뒤에 붙어 '~를 하고 싶다'라는 희망이나 욕망을 나타낼 때 '~를'에 해당하는 목적격조사 'を'가 오는 것이 자연스럽지만 일본어에서는 'を' 대신 주로 'が'를 쓴다는 데 주의해야 한다. 그러나 의도적인 행위나 가벼운 희망일 때는 'を'를 쓰기도 한다.

私は その 本が よみたいです。
나는 그 책을 읽고 싶습니다.

私は 会社を やめたいです。
저는 회사를 그만두고 싶습니다.

요점정리

❋ たい : 1인칭, 2인칭, 화자의 희망
접속 : 동사의 ます형
조사 : が, を
활용 : 희망이나 욕망을 나타낼 때에는 'が'를 쓰고, 의도적인 행위나 가벼운 희망을 나타낼 때에는 'を'를 쓴다.

❷ 조동사 'たがる'

(1) 'たがる'는 3인칭의 희망을 나타낸다.
(2) 접속은 동사의 ます형, 동사형 조동사(せる, させる, れる, られる)의 ます형에 접속한다.

兄は 手紙を 書く。 형은 편지를 쓴다.
→兄は 手紙を 書きたがる。 형은 편지를 쓰고 싶어한다.

❋ たがる : 3인칭의 희망
접속 : 동사의 ます형
조사 : を
해석 : ~싶어하다

❸ 접속조사 'ても/でも'

용언과 조동사는 ます형에 'ても'를 붙이고, 5단동사의 발음편 'ん'에는 'でも'를 붙여 일을 가정하고 그것에 구속되지 않음을 나타낸다.

雪が 降っても 行く。 눈이 내려도 간다.

❋ ても/でも
'~라도'의 뜻이다.

문/법/교/실

水を 飲んでも いいですか。 물을 마셔도 됩니까?

❹ 조사 'ば'

(1) 순접의 가정 조건을 나타낸다.
　　あした 雨が 降れば やめる ことに します。
　　내일 비가 오면 그만두기로 하겠습니다.

(2) 어떤 조건이 있으면 언제나 다른 일이 일어나는 것을 나타낸다.
　　春に なれば 暖かく なる。
　　봄이 되면 따뜻해진다.

(3) 병렬의 뜻을 나타내며, 앞뒤에 'も'가 있다.
　　本も あれば ノートも あります。
　　책도 있고 노트도 있습니다.

❺ なら　　～이면

(1) 'だ'의 가정형이다.
(2) 전반부는 외부의 정보나 듣는 이의 판단을 다루고, 후반부는 그것에 대해 말하는 사람의 판단을 나타내는 경우가 많다.
　　重い 荷物が あるなら 車で 行った ほうが いいですよ。
　　무거운 짐이 있으면 차로 가는 편이 좋습니다.

　　私なら できると 思います。
　　나라면 할 수 있다고 생각합니다.

❻ たら　　～이면

(1) 'た'의 가정형이다.
(2) 우연적 요소가 들어 있으며 불확실한 추측을 나타낸다.
(3) 앞 문장의 우연한 결과가 뒷 문장에 있다는 요소가 강하다.
　　(もし) あめが ふったら どう しますか。
　　(만일) 비가 내리면 어떻게 하겠습니까?

요점정리

✽ ば
앞뒤에 'も'가 있으면 가정이 아니고 열거를 나타낸다.

✽ なら
'だ'의 가정형이다.

✽ たら
① たら의 앞에는 대개 'もし'가 온다.
② 뒤에는 대개 '～でしょう, ～てください, ～たい' 등이 온다.

17. 旅行に 行きたいです。

ごはんを 食べたら はやく 学校へ いきなさい。
밥을 먹었거든 빨리 학교에 가세요.

お金が あったら デジタルカメラが 買いたいです。
돈이 있다면 디지털카메라를 사고 싶습니다.

❼ ～たり ～たり する ～하기도 하고 ～하기도 한다

용언, 조동사의 ます형에 접속한다.

泣いたり 笑ったり する。
울기도 하고 웃기도 한다.

飲んだり 食べたり する。
마시기도 하고 먹기도 한다.

요점정리

✳ ～たり ～たり する
병렬관계로 열거할 때 쓰인다.

회화

A : 映画を 見に 行こうと 思いますが、一緒に いかがですか。
B : 行きたいですけど お金が ありません。
A : お金なら 私が もって いますから 心配 いりません。
　　さあ、出かけましょう。

A : 영화를 보러 가려고 합니다만, 같이 어떻습니까?
B : 가고 싶기는 하지만 돈이 없습니다.
A : 돈이라면 내가 갖고 있으니 걱정없습니다.
　　자, 출발합시다.

183

연/습/문/제 Exercise

01 다음 글을 보기와 같이 바꾸어 말해 보시오.

[보기] 私は 日本へ 行きたいです。
→ 鄭さんは 日本へ 行きたがって います。

(1) 私は 辞書を 買いたいです。

(2) 私は 役人に なりたいです。

(3) 私は 海で およぎたいです。

(4) 私は 工場で はたらきたいです。

02 다음 우리말을 일본어로 옮기시오.

(1) 나는 우유를 마시고 싶습니다.

(2) 나는 선생님이 되고 싶습니다.

(3) 형은 의사가 되고 싶어합니다.

도움말

01
1인칭
2인칭 } 은 'たい'
話者 희망
3인칭은 'たがる'

(1) 辞書(じしょ) 사전

(2) 役人(やくにん) 공무원

(3) 海(うみ) 바다
およぐ 헤엄치다

(4) 工場(こうじょう) 공장
はたらく 일하다

02
(1) 우유 : 牛乳(ぎゅうにゅう)

(2) 선생님 : 先生(せんせい)

(3) 의사 : 医者(いしゃ)

해답

01. (1) 鄭さんは 辞書を 買いたがって います。 (2) 鄭さんは 役人に なりたがって います。 (3) 鄭さんは 海で およぎたがって います。 (4) 鄭さんは 工場で はたらきたがって います。 02. (1) 私は ぎゅうにゅうが のみたいです。 (2) 私は 先生に なりたいです。 (3) 兄は いしゃに なりたがって います。

18 訪問

중요문형

1. どなたさまで ございますか。
   누구십니까?

2. お願いいたします。
   부탁드립니다.

3. お入りください。
   들어오십시오.

4. はじめて お目にかかります。
   처음   뵙겠습니다.

5. お帰りに なりました。
   돌아오셨습니다.

A ごめんください。
실례합니다.

はい、どなたさまで ございますか。
예,   누구십니까?

私は 韓国から 参りました 鄭哲洙と 申しますが、
저는 한국에서 온   정철수라고 합니다만,

田中先生は いらっしゃいますか。
다나카 선생님은 계십니까?

| 한자읽기 | 願い | 入る | 目 | 帰る | 韓国 | 参る | 申す | 田中 |

Text 18

あ、鄭さんですか。私が 田中の 家内です。
아, 정씨입니까? 제가 다나카의 아내입니다.

先日 主人が ソウルへ 行った 時は、いろいろと
요전에 남편이 서울에 갔을 때는 여러 가지로

お世話に なりまして 本当に ありがとうございました。
신세를 져서 정말로 고마웠습니다.

B いいえ、どういたしまして。はじめまして。
아니요, 천만의 말씀입니다. 처음 뵙겠습니다.

どうぞ よろしく お願いいたします。
부디 잘 부탁드리겠습니다.

はじめまして。こちらこそ よろしく お願いいたします。
처음 뵙겠습니다. 저야말로 잘 부탁드리겠습니다.

さあ、どうぞ お入りください。
자, 어서 들어오십시오.

では、おじゃまします。
그럼, 실례하겠습니다.

主人は 今 おふろに 入って おります。
남편은 지금 목욕하고 있습니다.

この 応接間で しょうしょう おまちください。
이 응접실에서 잠깐만 기다려 주십시오.

한자읽기 家内 先日 主人 世話 本当 応接間

18. 訪問

C　おまたせしました。　鄭さん、しばらくですね。
　　오래 기다리셨습니다.　　정씨,　　오래간만입니다.

　　先生、お久しぶりでございます。
　　선생님, 오래간만입니다.

　　実は　先日　申し上げました　留学のことで、
　　실은　전에　말씀드렸던　　　유학 일로

　　ご相談したいんですが。
　　의논드리고 싶습니다만.

　　そうですか。留学のことなら　東大の　教授に
　　그렇습니까?　　유학에 관한 일이라면 도쿄대학　교수에게

　　頼んで　おいたから、大丈夫ですよ。
　　부탁해　　놓았으니까,　　걱정할 것 없습니다.

D　そうですか。それは　どうも　ありがとうございます。
　　그렇습니까?　　그것　　대단히　　감사합니다.

　　もう　おいとまいたします。
　　이제　그만 가봐야 하겠습니다.

　　そんなに　忙しいんですか。
　　그렇게　　바쁩니까?

　　ちょうど　今日の　午後に　友達が　東京へ　来るそうです。
　　마침　　　오늘　　오후에　친구가　도쿄에　온다고 합니다.

| 한자읽기 | 実 | 申し上げる | 留学 | 相談 | 東大 | 教授 | 頼む | 大丈夫 | 忙しい |

187

Text 18

その 友達は 東京へ 来るのが はじめてですから
그 친구는 도쿄에 오는 것이 처음이라서

私が 迎えに 出なければ ならないのです。
제가 마중나가지 않으면 안됩니다.

🅔 そうですか。
그렇습니까?

その 友達も 日本へ 勉強しに 来る 留学生ですか。
그 친구도 일본에 공부하러 오는 유학생입니까?

はい、そうです。
예, 그렇습니다.

それじゃ、また おいでください。
그러면, 또 오십시오.

한자읽기 友達 東京 迎える 勉強 留学生

문/형/연/습

01 私が お呼びいたします。
　　제가　부르겠습니다.

　　私が ┃荷物を お持ち　┃ いたします。
　　　　┃荷物を おはこび ┃
　　　　┃電話を お入れ　 ┃
　　　　┃　　　 お返し　 ┃

어휘익히기

○ 01
呼(よ)ぶ 부르다
荷物(にもつ) 물건
持(も)つ 들다
はこぶ 운반하다
入(い)れる (전화를) 걸다
返(かえ)す 돌려주다

02 先生が お持ちに なります。
　　선생님께서 드십니다.

　　先生が ┃手紙を お書き ┃ に なります。
　　　　　┃本を　 お読み ┃
　　　　　┃　　　 お帰り ┃

○ 02
手紙(てがみ) 편지
書(か)く 쓰다
読(よ)む 읽다
帰(かえ)る 돌아가다

03 先生が 荷物を 持たれます。
　　선생님께서 물건을 드십니다.

　　先生が ┃手紙を 書かれます。┃
　　　　　┃本を　 読まれます。┃
　　　　　┃バスに 乗られます。┃

○ 03
乗(の)る 타다

풀이
01. 제가 [물건을 들겠/물건을 운반하겠/전화를 드리겠/돌려드리겠]습니다.　02. 선생님께서 [편지를 쓰/책을 읽으/돌아가]십니다.　03. 선생님께서 [편지를 쓰십니다/책을 읽으십니다/버스를 타십니다].

189

문/형/연/습

04 何を たべますか。 → ～を いただきます。
　　무엇을 먹습니까?　　～을 먹습니다.

　　何を しますか。　→　～を いたします。
　　何と 言いますか。　→　～と 申します。
　　何を 見ますか。　→　～を 拝見します。

05 何を たべますか。 → 何を めしあがりますか。
　　무엇을 먹습니까?　　무엇을 드십니까?

　　何を しますか。　→　何を なさいますか。
　　何と 言いますか。　→　何と おっしゃいますか。
　　何を 見ますか。　→　何を ご覧になりますか。

06 どこから いらっしゃいましたか。
　　어디서　　오셨습니까?

　　先生が　みえました。
　　　　　　おいでに なりました。

　　きょうは どちらへ　いらっしゃいますか。
　　　　　　　　　　　おいでに なりますか。

어휘익히기

04
たべる 먹다
いただく '먹다, 마시다, 받다'의 겸양어
いたす 하다
　→ 'する'의 겸양어
申(もう)す 말하다
　→ '言う'의 겸양어
拝見(はいけん)する 보다
　→ '見る'의 겸양어

05
めしあがる 잡수시다
なさる 하시다
おっしゃる 말씀하시다
ご覧(らん)になる 보시다

06
みえる 보이다, 오시다
おいでに なる
　가시다, 오시다, 계시다

풀이

04. [무엇을 합니까?/뭐라고 말합니까?/무엇을 봅니까?] → [～을 합니다/～라고 합니다/～을 봅니다] **05.** [무엇을 합니까?/뭐라고 말합니까?/무엇을 봅니까?] → [무엇을 하십니까?/뭐라고 말씀하십니까?/무엇을 보십니까?] **06.** 선생님께서 [오셨습니다/오셨습니다] 오늘은 어디에 [가십니까?/가십니까?]

문/법/교/실

❶ 경어

경어란 말하는 사람이 상대방에게 존경하는 뜻을 나타내는 말이다. 그러나 이 존경의 뜻을 표현하는 데는 윗사람에게 쓰는 말, 자기를 낮추고 상대방에게 존경의 뜻을 표현하는 말, 그리고 상대방에게 단순히 정중한 뜻을 표현하는 말이 각각 다르다.

❷ 경어의 종류

(1) 존경어 : 상대의 동작이나 상태, 물건 등을 높여 부르는 말이다.
　① 말이나 물건의 이름 위에 'お'나 'ご'를 붙인다.
　　　お宅 댁　　　ご主人 주인, 남편
　② 'れる, られる'를 붙인다.
　　　話される 이야기하시다　　読まれる 읽으시다
　③ 'お+동사의 ます형'에 'に なる'를 붙인다.
　　　お話しに なる。 이야기하신다.
　　　お書きに なる。 쓰신다.
　④ 특별한 말(존경어)을 사용한다.
　　　おっしゃる ← '言う(말하다)'의 존경어

(2) 겸양어 : 동작을 행하는 사람이나 말하는 사람이 낮추어 표현하는 말이다.
　① 'お+동사의 ます형'에 'する'또는 'いたす' 등을 붙인다.
　　　私が お呼びいたします。 제가 부르겠습니다.
　② 특별한 말(겸양어)을 사용한다.
　　　申す ← '言う'의 겸양어

(3) 정중어 : 상대방에게 자신의 정중한 뜻을 표현하는 말이다.
　① 'です, ます, ございます' 등을 붙인다.
　② 'お, ご'를 붙인다.
　　　お茶 차

요점정리

✽ **경어**
말하는 사람이 상대방의 동작에 대하여 경의를 표하는 말이다.

✽ **경어를 사용할 때 주의해야 할 점**
일본어에서는 자기 가족이나 자기가 소속된 집단의 경우에는 웃어른이라도 남 앞에서는 말을 낮추어야 한다.

문/법/교/실

❸ 경어의 표현 분류표

보통어	존경어	겸양어	정중어
ある 있다			ござる
いる 있다	いらっしゃる	おる	
行く 가다 来る 오다	いらっしゃる (おいでになる)	まいる (あがる)	
する 하다	なさる	いたす	
言う 말하다	おっしゃる	申す	
見る 보다	ごらんになる	はいけんする	
会う 만나다		お目にかかる	
聞く 듣다, 묻다		うかがう	
たずねる 묻다, 방문하다		うかがう	
ねる 자다	お休みになる		
食う 먹다	あがる, めしあがる	いただく	たべる
もらう 받다		いただく	
くれる 주다 (남이 나에게)	くださる		
やる 주다 (내가 남에게)		あげる (さしあげる)	

요점정리

❋ **경어 동사**
いらっしゃる
なさる
おっしゃる
あがる
めしあがる
くださる

❋ **특별한 표현**
- お耳に入れる 알리다
  → '知らせる'의 겸양어
- ご覧に入れる 보이다
  → '見せる'의 겸양어
- お目にかける 보이다
  → '見せる'의 겸양어
- お目にかかる
  만나뵙다
  → '会う'의 겸양어

❹ 존경어 표현법

> お/ご+동사의 ます형+に なる → ~하시다

あるく 걷다 → おあるきに なる 걸으시다

❺ 겸양어 표현법

> お/ご+동사의 ます형+する/いたす

私が お持ちします。 제가 들겠습니다.

❋ '行く, 来る' 등은 'お行きに なる'로 표현할 수 없다. '行く'의 경어동사로 'いらっしゃる'가 있기 때문이다.

18. 訪問

❻ 존경어의 명령 표현

요점정리

お/ご+동사의 ます형+ください

お待ちください。
기다려 주십시오.

회화

A : こんにちは、鄭さん。

B : いらっしゃい。 さあ、こちらへ。
　　どうぞ おかけ ください。

A : どうも ご親切に。 ありがとうございます。
　　李さんは どこか お出かけですか。

B : はい、すぐ そこの 会社までですが、
　　もうすぐ もどって くる じかんですから
　　しょうしょう お待ち ください。

A : 안녕하세요, 정씨.
B : 어서 오세요. 자, 이쪽으로. 어서 앉아 주세요.
A : 정말 친절하시군요. 고맙습니다. 이씨는 어디에 갔습니까?
B : 예, 바로 옆 회사까지 갔습니다만,
　　곧 돌아올 시간이므로 잠깐만 기다려 주십시오.

연/습/문/제

01 다음 문장의 밑줄 친 부분을 [ ] 내의 지시에 따라서 고치시오.

(1) 鄭さんの お父(とう)さんが 絵(え)を 見(み)る。[존경 표현]

(2) 私の 申(もう)し上(あ)げたいことは、その手紙(てがみ)を 読(よ)めば わかると 思います。[존경 표현]

(3) 先生に 私の 小(ちい)さいころの 写真(しゃしん)を 見せた。[겸양 표현]

(4) あなたに 会(あ)えて たいへん うれしいです。[겸양 표현]

02 다음 우리말을 일본어로 옮기시오.

(1) 잘 주무셨습니까?

(2) 주문은 정하셨습니까?

(3) 선생님께서 이야기하십니다.

도움말

01

(1) '見る'의 존경어
→ごらんになる。

(2) お+동사의 ます형+になる(존경 표현)

(3) '見せる'의 겸양어
→お目にかける

(4) '会う'의 겸양어
→お目にかかる

02

존경 표현 : お+동사의 ます형+に なる
(1) 자다 : 休(やす)む
(2) 주문 : ご注文(ちゅうもん)
  결정하다 : 決(き)まる
(3) 이야기하다 : 話(はな)す

해답 01. (1) ご覧になる (2) お読みに なれば (3) お目にかけた (4) お目にかかれて   02. (1) よく お休みに なりましたか。(2) ご注文は お決まりに なりましたか。(3) 先生が お話しに なります。

19 何を しょうと 思って いますか。

중요문형

① 日本へ 行こうと 思って います。
　일본에　가려고　생각하고　있습니다.

② 私は 科学者に なりたいです。
　나는　과학자가　되고 싶습니다.

③ 何を したがって いますか。
　무엇을　하고 싶어하고　있습니까?

④ 大学で 電子工学の 勉強を する つもりです。
　대학에서　전자 공학　공부를　할　예정입니다.

A

あなたは 日本語を 習って いますか。
당신은　일본어를　배우고　있습니까?

はい、習って います。
예,　배우고　있습니다.

日本語を 習って どう する つもりですか。
일본어를　배워서　어떻게 할　예정입니까?

日本語を 習って こんどの 冬休みに 日本へ
일본어를　배워서　이번　겨울 방학에　일본에

行こうと 思って います。
가려고　합니다.

한자읽기　思う　科学者　大学　電子工学　勉強　習う　冬休み

Text 19

日本へ 行って なにを する つもりですか。
일본에 가서 무엇을 할 예정입니까?

日本へ 行って いろいろな 所を 見物する つもりです。
일본에 가서 여러 장소를 구경할 예정입니다.

B あなたは 高校を 卒業してから どう しようと 思って
당신은 고등학교를 졸업하고 나서 어떻게 하려고 생각하고

いますか。
있습니까?

私は 高校を 卒業してから 大学に 入ろうと 思って
나는 고등학교를 졸업하고 나서 대학에 들어가려고 생각하고

います。
있습니다.

C あなたは 大学で どんな 勉強を する つもりですか。
당신은 대학에서 어떤 공부를 할 예정입니까?

大学では 電子工学の 勉強を したいと 思って います。
대학에서는 전자 공학 공부를 하고 싶습니다.

大学で 電子工学の 勉強を して、将来 何を する
대학에서 전자 공학 공부를 해서 장래 무엇을 할

| 한자읽기 | 所 ところ | 見物 けんぶつ | 高校 こうこう | 卒業 そつぎょう | 入る はい | 将来 しょうらい |

19. 何を しようと 思って いますか。

つもりですか。
예정입니까?

<ruby>私<rt>わたし</rt></ruby>は <ruby>将来<rt>しょうらい</rt></ruby> <ruby>電子工学<rt>でんしこうがく</rt></ruby>の <ruby>科学者<rt>かがくしゃ</rt></ruby>に なりたいと <ruby>思<rt>おも</rt></ruby>って います。
나는   장래   전자 공학   과학자가   되고   싶습니다.

D <ruby>弟<rt>おとうと</rt></ruby>も <ruby>日本<rt>にほん</rt></ruby>へ <ruby>行<rt>い</rt></ruby>きたがって いますか。
동생도 일본에   가고 싶어합니까?

いいえ、<ruby>弟<rt>おとうと</rt></ruby>は ドイツへ <ruby>行<rt>い</rt></ruby>きたがって います。
아니요, 동생은 독일에   가고 싶어합니다.

<ruby>弟<rt>おとうと</rt></ruby>は <ruby>将来<rt>しょうらい</rt></ruby> <ruby>何<rt>なに</rt></ruby>に なりたがって いますか。
동생은 장래   무엇이   되고 싶어합니까?

<ruby>弟<rt>おとうと</rt></ruby>は <ruby>将来<rt>しょうらい</rt></ruby> <ruby>音楽家<rt>おんがくか</rt></ruby>に なりたがって います。
동생은 장래   음악가가   되고 싶어합니다.

한자읽기 <ruby>科学者<rt>かがくしゃ</rt></ruby> <ruby>弟<rt>おとうと</rt></ruby> <ruby>音楽家<rt>おんがくか</rt></ruby>

문/형/연/습

01 私は エンジニアに なろうと 思います。
    나는 엔지니어가 되려고 합니다.

    私は 科学者 に なろうと 思います。
        記者
        先生
        医者

어휘익히기

○ 01
~に なろうと 思(おも)う
  ~이 되려고 생각하다
エンジニア 엔지니어
科学者(かがくしゃ) 과학자
記者(きしゃ) 기자
医者(いしゃ) 의사

02 私は 俳優に なりたいです。
    나는 배우가 되고 싶습니다.

    私は デザイナー に なりたいです。
        画家
        役人

○ 02
俳優(はいゆう) 배우
デザイナー 디자이너
画家(がか) 화가
役人(やくにん) 공무원
  =こうむいん

03 妹は どこへ 行きたがって いますか。
    여동생은 어디에 가고 싶어합니까?

    弟は 日本へ 行き たがって いますか。
        だれと けっこん し
        何を し

○ 03
妹(いもうと) 여동생
弟(おとうと) 남동생
けっこん 결혼

풀이 01. 나는 [과학자/기자/선생님/의사]가 되려고 합니다. 02. 나는 [디자이너/화가/공무원]이 되고 싶습니다. 03. 남동생은 [일본에 가고/누구와 결혼하고/무엇을 하고] 싶어합니까?

19. 何を しようと 思って いますか。

04　私は あした 日本へ 行く つもりです。
　　나는 내일 일본에 갈 예정입니다.

　　私は ┃ 先生に 日本語を ならう　　　　┃ つもりです。
　　　　 ┃ 海で およぐ　　　　　　　　　 ┃
　　　　 ┃ うちで 日本語の べんきょうを する ┃
　　　　 ┃ あした 花見に 行く　　　　　　 ┃

어휘익히기

○ 04
つもり 예정
ならう 배우다
およぐ 헤엄치다
べんきょう 공부
花見(はなみ) 꽃구경

05　私は 日本へ 行きたいです。
　　나는 일본에 가고 싶습니다.

　　私は ┃ アメリカへ 行き　┃ たいです。
　　　　 ┃ うちへ はやく 帰り ┃
　　　　 ┃ 試合に 勝ち　　　┃

○ 05
はやく 빨리
帰(かえ)る 돌아가다
試合(しあい) 시합
勝(か)つ 이기다

06　品物さえ よければ 買おうと 思います。
　　물건만　　좋으면　　사려고　 합니다.

　　品物さえ よければ ┃ 売ろう　┃ と 思います。
　　　　　　　　　　　┃ 上げよう ┃
　　　　　　　　　　　┃ もらおう ┃

○ 06
品物(しなもの) 물건
さえ ~만
売(う)る 팔다
上(あ)げる 드리다
もらう 받다

풀이 04. 나는 [선생님에게 일본어를 배울/바다에서 수영할/집에서 일본어 공부를 할/내일 꽃구경 갈] 예정입니다. 05. 나는 [미국에 가고/집에 빨리 돌아가고/시합에 이기고] 싶습니다. 06. 물건만 좋으면 [팔려고/드리려고/받으려고] 합니다.

문/법/교/실

❶ つもり

'つもり'는 형식명사로서, 우리말의 '예정·작정·의도·~한 셈·기대'에 해당된다.

주로 '동사의 기본형+つもりです'의 형태로, '~할 작정입니다'의 뜻으로 쓰인다. 주체(主體)의 적극적인 의지를 나타내므로 의지 없는 물체에는 쓰이지 않는다. '~つもりです'는 반드시 주체의 미래를 지향하는 강한 의지를 나타낸다.

　　私は あした 試験 勉強を する つもりです。
　　나는 내일 시험 공부를 할 작정입니다.

　　私は 本屋へ 行って 来る つもりです。
　　나는 책방에 갔다 올 예정입니다.

> 참고　의지 없는 물체에는 사용할 수 없다.
> 　　あした 雪が 降る つもりです。(×)

❷ 동사의 의지형(よう형)

(1) 'う, よう'는 '~해야지'라는 의지·추측·권유의 뜻을 나타낸다.

- 5단동사 : 어미를 お단으로 고치고 'う'를 붙인다.
  　　会う 만나다 → 会おう 만나겠다/만나겠지/만나자
  　　書く 쓰다 → 書こう 쓰겠다/쓰겠지/쓰자

- 1단동사 : 어미 'る'를 지우고 'よう'를 붙인다.
  　　起きる 일어나다 → 起きよう 일어나겠다/일어나겠지/일어나자
  　　食べる 먹다 → 食べよう 먹겠다/먹겠지/먹자

- 변격동사
  　　来る 오다 → こよう 오겠다/오겠지/오자
  　　する 하다 → しよう 하겠다/하겠지/하자

요점정리

✻ つもり
① 예정, 작정
② 기대
③ 의도
④ ~한 셈

✻ 동사의 의지형
'う'는 5단동사, 'よう'는 그외 동사에 붙는다.

19. 何を しようと 思って いますか。

(2) '～う'와 '～よう'는 의지를 나타내는데, '～と する'와 결합하여 의지를 실현하려 한다든지, 행동 직전의 상태를 나타내는 데 쓰이며, 우리말로는 '～하려고 한다'로 해석한다.

日本へ 行こうと する。
일본에 가려고 한다.

しようと しても できないこと。
하려고 해도 할 수 없는 일.

요점정리

✽ ～うと する
　～ようと する
　　～하려고 하다

회화

A : あなたは あした どこかへ 行く つもりですか。
B : はい、あしたは 休みの日ですから そうする つもりです。
A : どこへ 行く つもりですか。
B : 映画を 見に 行く つもりです。
A : どんな 映画を 見る つもりですか。
B : 米国の 映画を 見ようと 思って います。

A : 당신은 내일 어딘가에 갈 예정입니까?
B : 예, 내일은 휴일이므로 그럴 예정입니다.
A : 어디에 갈 예정입니까?
B : 영화를 보러 갈 예정입니다.
A : 어떤 영화를 볼 예정입니까?
B : 미국 영화를 보려고 합니다.

연/습/문/제

01 다음 글을 보기와 같이 바꾸어 말해 보시오.

> [보기]　日本語を ならう つもりです。
> →日本語を ならおうと 思います。

(1) 学校を 休む つもりです。

(2) 大学の 教授に なる つもりです。

(3) 日本語を おしえる つもりです。

(4) 日本へ 行く つもりです。

(5) 海で およぐ つもりです。

02 다음 우리말을 일본어로 옮기시오.

(1) 워드프로세서를 배우려고 생각하고 있습니다.

(2) 다음달에 귀국할 예정입니다.

도움말

01
동사의 의지형
- 5단동사+うと 思う
- 그 외 동사+ようと 思う
　～하려고 하다
つもり 예정, 작정

(2) 教授(きょうじゅ) 교수

02
(1) 워드프로세서 :
　ワープロ
　배우다 : 習(なら)う
(2) 다음달 :
　来月(らいげつ)
　귀국하다 :
　帰国(きこく)する

해답　01. (1) 学校を 休もうと 思います。(2) 大学の 教授に なろうと 思います。(3) 日本語を おしえようと 思います。(4) 日本へ 行こうと 思います。(5) 海で およごうと 思います。　02. (1) ワープロを 習おうと 思って います。(2) 来月 帰国する つもりです。

20 おくりものを もらいました。

중요문형

1. 男の人に チョコレートを あげます。
   남자에게 　　초콜릿을 　　　줍니다.

2. 先生に 日本語を 教えて もらいました。
   선생님이 　일본어를 　가르쳐 　주셨습니다.

3. 先生は 笑顔を 見せて くれました。
   선생님은 웃는 얼굴을 　보여 　주셨습니다.

4. たくさんの 愛を もらいました。
   많은 　　　사랑을 　받았습니다.

A

今日は 私たちの 担任の 先生の お誕生日です。
오늘은 　우리 　　담임 　선생님의 생일입니다.

私たちは 先生に 日本語を 教えて もらいました。
우리들은 　선생님께 일본어를 　가르쳐 　받았습니다.
(선생님께서는 우리들에게 일본어를 가르쳐 주셨습니다.)

私たちは パーティーを 準備します。
우리들은 　　파티를 　　　준비합니다.

一人 千ウォンずつ 集めました。
1인당 천 원씩 　　　모았습니다.

班長が 代表として 花束と ケーキを 買ってきました。
반장이 　대표로서 　꽃다발과 케이크를 　사왔습니다.

한자읽기 　男(おとこ) 　笑顔(えがお) 　愛(あい) 　担任(たんにん) 　誕生日(たんじょうび) 　準備(じゅんび) 　集める(あつめる) 　班長(はんちょう) 　代表(だいひょう) 　花束(はなたば)

Text 20

B

電気を 消して 先生が 入るのを 待ちます。
전기를 끄고 선생님이 들어오시기를 기다립니다.

私たちは 先生に 師の恩という 歌を 歌って あげました。
우리들은 선생님께 스승의 은혜라는 노래를 불러 드렸습니다.

先生は 笑顔を 見せて くれました。
선생님은 웃는 얼굴을 보여 주셨습니다.

C

もう すぐ バレンタインデーです。 バレンタインデーには
이제 곧 발렌타인데이입니다. 발렌타인데이에는

女の人が 好きな 男の人に チョコレートを あげます。
여자가 좋아하는 남자에게 초콜릿을 줍니다.

私は 今まで 彼氏に たくさんの 愛を もらいました。
나는 지금까지 남자친구에게 많은 사랑을 받았습니다.

いつも もらうばかりだったので、私も 彼氏に 何かを して
항상 받기만 해서 저도 남자친구에게 뭔가 해

あげたくなりました。
주고 싶어졌습니다.

それで、今年の バレンタインデーには 彼に 手作り
그래서 올해 발렌타인데이에는 그에게 직접 만든

チョコレートを あげる つもりです。
초콜릿을 줄 예정입니다.

| 한자읽기 | 電気 | 消す | 入る | 待つ | 師の恩 | 歌 | 歌う | 女 | 彼氏 | 手作り |

문/형/연/습

01 私は 姉に 万年筆を あげました。
　　 나는 누님에게 만년필을 드렸습니다.

> 私は 山田さんに シャツ　　　を あげました。
> 田中さんは 山田さんに とけい
> 私は 兄に ネクタイ

어휘익히기

○ 01
姉(あね) 누님
万年筆(まんねんひつ) 만년필
シャツ 셔츠
とけい 시계
兄(あに) 형
ネクタイ 넥타이

02 私は 田中さんに 本を もらいました。
　　 나는 다나카 씨에게 책을 받았습니다.

> 私は 鄭さんに バナナ　　　を もらいました。
> 私は 姉に シャツ
> 金さんは 鄭さんに ネクタイ

○ 02
本(ほん) 책
もらう 받다

03 田中さんは 私に 本を くれました。
　　 다나카 씨는 나에게 책을 주었습니다.

> 田中さんは 私に　えんぴつ　　 を くれました。
> 　　　　　　　　 まんねんひつ
> 　　　　　　　　 りんご

○ 03
くれる 주다(남이 나에게)
えんぴつ 연필
りんご 사과

풀이
01. [나는 야마다 씨에게 셔츠/다나카 씨는 야마다 씨에게 시계/나는 형에게 넥타이]를 드렸습니다. 02. [나는 정 씨에게 바나나/나는 누나에게 셔츠/김씨는 정씨에게 넥타이]를 받았습니다. 03. 다나카 씨는 나에게 [연필/만년필/사과]를 주었습니다.

문/형/연/습

04　兄は 私に 日本語を 教えて くれました。
　　형은　나에게　일본어를　가르쳐　주었습니다.

　　兄は 私に [英語/科学/歌] を 教えて くれました。

05　私は 兄に 日本語を 教えて もらいました。
　　나는　형에게　일본어를　가르쳐　받았습니다.

　　私は 兄に [英語/科学/歌] を 教えて もらいました。

06　私は 田中さんに 道を 教えて あげました。
　　나는　다나카 씨에게　길을　가리켜　드렸습니다.

　　私は 田中さんに [韓国語を 教え/指輪を 買っ/辞書を 貸し] て あげました。

어휘익히기

04
教(おし)える 가르치다
英語(えいご) 영어
科学(かがく) 과학
歌(うた) 노래

05
もらう 받다

06
道(みち) 길
あげる 드리다
韓国語(かんこくご) 한국어
指輪(ゆびわ) 반지
買(か)う 사다
辞書(じしょ) 사전
貸(か)す 빌려주다
　→借(か)りる 빌리다
　←返(かえ)す 돌려주다

풀이

04. 형은 나에게 [영어/과학/노래]를 가르쳐 주었습니다. **05.** 나는 형에게 [영어/과학/노래]를 가르쳐 받았습니다. **06.** 나는 다나카 씨에게 [한국어를 가르쳐/반지를 사/사전을 빌려] 드렸습니다.

문/법/교/실

❶ やる, あげる   주다

화자(話者 ; 말하는 사람) 또는 화자 측이 남에게 물건을 준다는 말이다. 'あげる'의 거친 표현인 'やる'는 자식·동생, 동물이나 식물 또는 친한 남자 사이에서 쓴다. 남의 자녀에게는 'やる'를 쓰지 않고, 'あげる'를 쓴다.

妹に 新しい ノートを やった。
여동생에게 새 노트를 주었다.

私は 朴さんに 本を あげた。
나는 박씨에게 책을 드렸다.

요점정리

✱ 'やる, あげる'는 내가 남에게 베풀어 줄 때 사용한다. 여성은 주로 'あげる'를 쓴다.

❷ くれる   주다

남이 화자 또는 화자 측에 물건을 주는 것을 말한다. 즉, 우리에 속하는 사람들이 받는 대상이 되는 경우에는 'くれる'를 쓴다.

朴さんは 私に 本を くれた。
박씨는 나에게 책을 주었다.

朴さんは 私の 息子に 本を くれた。
박씨는 나의 아들에게 책을 주었다.

✱ 'くれる'는 남이 나에게 줄 때 쓴다.

❸ もらう   받다

화자 또는 화자 측이 남한테서 물건을 받는다는 뜻이다.

その お土産は だれに もらいましたか。
그 선물은 누구에게 받았습니까?

✱ 'もらう'는 남에게 물건을 받을 때 쓴다.

❹ ～て やる, ～て くれる, ～て もらう

'やる·くれる·もらう'가 접속조사 'て'에 연결되어 보조동사로 쓰인 것으로, 여기에서는 물건을 주고받는 뜻이 희박해져 본동사가 나타

문/법/교/실

내는 행위의 주고받음을 나타낸다.

ぼくは 友(とも)だちに 本を 貸(か)して やった。
나는 친구에게 책을 빌려주었다. ← 話者가 남에게 줌.

友だちは ぼくに 本を 貸して くれた。
친구는 나에게 책을 빌려주었다. ← 남이 話者에게 줌.

ぼくは 友だちに 本を 貸して もらった。
나는 친구에게 책을 빌려받았다. ← 話者가 남한테 받음.

❺ あげる, さしあげる, くださる, いただく

'やる・くれる・もらう'는 각각 경어가 따로 있어 행위자가 화자(또는 화자 측 사람)냐 아니면 타인이냐에 따라서 겸양어 또는 존경어를 쓴다.

행위자	예사말→높임말
話者	やる 주다 → (さし)あげる 드리다(겸양어)
話者	もらう 받다 → いただく 받다(겸양어)
他人	くれる 주다 → くださる 주시다(존경어)

私は 先生に ネクタイを さしあげました。
나는 선생님에게 넥타이를 드렸습니다.

私は 先生に 万年筆(まんねんひつ)を いただきました。
나는 선생님에게 만년필을 받았습니다.

先生は 私に 万年筆(まんねんひつ)を くださいました。
선생님은 나에게 만년필을 주셨습니다.

> **참고** 'やる(주다)'의 겸양어는 'あげる' 또는 'さしあげる'를 쓰고 있으나, 여성 사이에서는 'あげる'도 'やる'와 같이 예사말로 많이 쓰이기도 한다.

요점정리

✱ 'やる'의 겸양어
　→あげる, さしあげる
'もらう'의 겸양어
　→いただく
'くれる'의 존경어
　→くださる

회화

A : いい ネクタイですね。
B : 姉に もらったのです。
A : いいですね。あなたは いい お姉さんが いて。
B : しかし、あなたは かわいい 妹さんが いるでしょう。
A : ええ、でも 何も くれませんよ。

A : 좋은 넥타이군요.
B : 누나에게 받은 것입니다.
A : 좋겠군요. 당신은 좋은 누나가 있어서.
B : 그러나 당신은 사랑스런 여동생이 있잖아요.
A : 예, 그렇지만 아무것도 주지 않아요.

연/습/문/제

01 다음 문장을 보기와 같이 바꾸시오.

[보기] 田中さんは 私に 本(ほん)を くれました。
→ 私は 田中さんに 本を もらいました。

(1) 私は 兄(あに)に ゆびわを 買(か)って あげました。

(2) 山田さんは 私に かばんを くれました。

(3) 姉(あね)は 私に 時計(とけい)を 買って くれました。

02 다음 우리말을 일본어로 옮기시오.

(1) 선생님은 나에게 책을 주셨습니다.

(2) 나는 선생님에게 책을 받았습니다.

(3) 나는 鄭씨에게 사과를 받았습니다.

(4) 鄭씨는 나에게 사과를 주었습니다.

도움말

01
• もらう 받다
(1) ゆびわ 반지

(3) 姉(あね) 누나, 언니
時計(とけい) 시계

02
(1) 주시다 : くださる

(2) 받다 : いただく
→ 'もらう'의 겸양어

(4) 주다 : くれる

해 답

01. (1) 兄は 私に ゆびわを 買って もらいました。 (2) 私は 山田さんに かばんを もらいました。 (3) 私は 姉に 時計を 買って もらいました。 **02.** (1) 先生は 私に 本を くださいました。 (2) 私は 先生に 本を いただきました。 (3) 私は 鄭さんに りんごを もらいました。 (4) 鄭さんは 私に りんごを くれました。

21 選手に 練習を させます。

중요문형

① 選手たちを 走らせます。
　せんしゅ　　　はし
　선수들을　　　달리게 합니다.

② せんぱいに 教えさせる ことも あります。
　　　　　　　おし
　선배에게　　가르치게 하는　경우도　있습니다.

③ じっさいに まねを させます。
　실제로　　　흉내를 내게 합니다.

④ 練習を させて ください。
　れんしゅう
　연습을　하게 해　주세요.

⑤ 聞かせて いただきました。
　き
　들려　받았습니다.(주셨습니다)

A　先生、柔道 大会での 優勝 おめでとうございます。
　　　せんせい　じゅうどうたいかい　　　ゆうしょう
　　　선생님, 유도 대회에서의　　우승　축하합니다.

　　　どうも ありがとう。
　　　정말　　고마워요.

　　　先生は 選手に どのような 練習を させて いるんですか。
　　　せんせい　せんしゅ　　　　　　れんしゅう
　　　선생님은 선수에게 어떤　　　연습을　시키고 있습니까?

　　　はじめに いつも かんたんな たいそうを やらせます。
　　　처음에는　언제나　간단한　　　체조를　　　하게 합니다.

한자읽기　選手　走る　練習　聞く　柔道　大会　優勝
　　　　　　せんしゅ　はし　れんしゅう　き　じゅうどう　たいかい　ゆうしょう

Text 21

それから　ランニングを　させます。
그리고　　　달리기를　　　　시킵니다.

B 選手たちを　走らせるんですか。
　　선수들을　　　달리게 합니까?

はい、「毎日　四キロぐらい　走れ。」と　言って　います。
예,　「매일　　4킬로 정도　　달려.」라고　말하고　있습니다.

足や　こしを　強く　させる　ためです。
다리랑 허리를　강하게 하기　위해서입니다.

先生が　ちょくせつ　教えるんですか。
선생님이　직접　　　　가르칩니까?

たいてい　私が　教えますが、せんぱいに　下の級のものを
대개　　　　내가　가르칩니다만,　선배에게　　하급자를

教えさせる　ことも　あります。
가르치게 하는　경우도　있습니다.

C 選手たちは　新しい　技を　すぐ　おぼえますか。
　　선수들은　　　새로운　기술을 바로　습득합니까?

さいしょは　ゆかに　みんなを　すわらせて　私の　やることを
처음은　　　마루에　모두들　　앉게 하고　　내가　하는 것을

한자읽기　　毎日　足　強い　教える　下の級　新しい　技

21. 選手に 練習を させます。

見(み)させるんです。
보게 합니다.

次(つぎ)に 足(あし)の 動(うご)かしかたや タイミングの とりかたを
다음에 다리의 이동법이나 타이밍 잡는 법을

説明(せつめい)して やりかたを よく わからせます。
설명하고 하는 법을 잘 이해하게 합니다.

それから、みんなを 立(た)たせて じっさいに まねを させます。
그리고 모두들 일으키고 실제로 흉내를 내게 합니다.

D 練習(れんしゅう)が つらいと 言(い)う 者(もの)も いますか。
연습이 싫다고 하는 사람도 있습니까?

たまに いますが、だんだん なれて くると おもしろがって
가끔 있습니다만, 점차로 익숙해지면 재미있어 하고서는

「もっと やらせて ください。」と 言(い)うように なります。
「더 시켜 주세요.」라고 말하게끔 됩니다.

そうですか。いろいろ お話(はなし)を きかせて いただいて
그렇습니까? 여러 가지 말씀을 해 주셔서

どうも ありがとうございました。
정말로 감사합니다.

| 한자읽기 | 次(つぎ) 動(うご)く 説明(せつめい) 立(た)つ 者(もの) 話(はなし) |

213

문/형/연/습

01　はやく 走(はし)れ。
　　　빨리　　달려.

　　　いっしょうけんめい べんきょう しろ。
　　　じしょを もって こい。
　　　自分(じぶん)の 名前(なまえ)を 書(か)け。

02　先生(せんせい)は 学生(がくせい)に 漢字(かんじ)を 書(か)かせました。
　　　선생님은 학생에게 한자를　　쓰게 했습니다.

　　　先生(せんせい)は 学生(がくせい)に ことばの 意味(いみ)を 調(しら)べさせました。
　　　　　　　　　　　　　　　　　本(ほん)を 読(よ)ませました。
　　　　　　　　　　　　　　　　　問(と)いに 答(こた)えさせました。

03　私(わたし)にも 本(ほん)を 読(よ)ませて ください。
　　　나에게도　책을　　읽게 해　　주세요.

　　　私(わたし)にも 絵(え)を 見(み)させ　　て ください。
　　　　　　　　　　問(と)いに 答(こた)えさせ
　　　　　　　　　　レポートを 書(か)かせ

어휘익히기

01
はやい 빠르다
走(はし)る 달리다
いっしょうけんめい 열심히
じしょ 사전
もつ 소유하다, 가지다
自分(じぶん) 자기
名前(なまえ) 이름

02
漢字(かんじ) 한자
ことば 말, 언어
意味(いみ) 의미
調(しら)べる 조사하다
読(よ)む 읽다
問(と)う 묻다
　→問(と)い 물음, 질문
答(こた)える 대답하다

03
絵(え) 그림
レポート 리포트

풀이　**01.** [열심히 공부해라/사전을 갖고 와라/자기 이름을 써라].　**02.** 선생님은 학생에게 [말의 의미를 조사하게 했습니다/책을 읽게 했습니다/질문에 대답하게 했습니다].　**03.** 나에게도 [그림을 보게/질문에 대답하게/리포트를 쓰게] 해 주세요.

21. 選手に 練習を させます。

04　先生が 着物を 着せて くださいました。
　　선생님께서 옷을 입혀 주셨습니다.

　　先生が 　写真を 見せ　　て くださいました。
　　　　　　お話を きかせ

　　鄭さんが 　くすりを のませ　 て くれました。
　　　　　　　ピアノを ひかせ

어휘익히기

○ 04
着物(きもの) 옷
着(き)せる 입히다
写真(しゃしん) 사진
きかせる 들려주다
くすり 약
のむ 먹다, 마시다
ひく 치다

05　先生に 着物を 着せて いただきました。
　　선생님께 옷을 입혀 받았습니다.(선생님께서 옷을 입혀 주셨습니다)

　　先生に 　写真を 見せ　　て いただきました。
　　　　　　お話を きかせ

　　鄭さんに 　くすりを のませ　 て もらいました。
　　　　　　　ピアノを ひかせ

○ 05
いただく 받다
　→'もらう'의 겸양어

06　兄が おそくまで べんきょうします。
　　형이 늦게까지 공부합니다.

　　兄に おそくまで べんきょうさせ ます。
　　兄に 大声で 本を 読ませ

○ 06
大声(おおごえ) 큰소리
　=たいせい

풀이　04. 선생님께서 [사진을 보여/이야기를 들려] 주셨습니다. 정씨가 [약을 먹여/피아노를 쳐] 주었습니다.　05. 선생님께서 [사진을 보여/이야기를 들려] 주셨습니다. 정씨가 [약을 먹여/피아노를 쳐] 주었습니다.　06. [형에게 늦게까지 공부하게/형에게 큰소리로 책을 읽게] 합니다.

문/법/교/실

❶ 조동사 'せる, させる'

'せる'는 5단동사와 변격동사 'する'의 ない형에 접속되고, 'させる'는 1단동사와 변격동사 '来る'의 ない형에 접속되어 사역(~시키다)의 뜻을 나타낸다.

弟に 本を 読ませる。 남동생에게 책을 읽게 한다.

妹に 紙くずを 捨てさせる。 여동생에게 휴지를 버리게 한다.

참고 'する(하다)'의 ない형은 세 가지(さ,せ,し) 중에서 'さ'에 접속된다.

• せる, させる의 활용표

	ない형	ます형	기본형	가정형	명령형
せる	せ	せ	せる	せれ	せろ/せよ
させる	さ	させ	させる	させれ	させろ/させよ
주된 용법	ない	ます	○/명사	ば	○

子供に 本を
아이에게 책을
- 読ませない 읽히지 않는다 ← ない형
- 読ませます 읽힙니다 ← ます형
- 読ませる 읽히다 ← 기본형
- 読ませれば 읽히면 ← 가정형
- 読ませろ／せよ 읽혀라 ← 명령형

うちを
집을
- 建てさせない 짓게 하지 않는다 ← ない형
- 建てさせます 짓게 합니다 ← ます형
- 建てさせる 짓게 하다 ← 기본형
- 建てさせれば 짓게 하면 ← 가정형
- 建てさせろ／させよ 짓게 해라 ← 명령형

(1) 가능동사와 혼동하지 말 것

話す 이야기하다
- 話せる 이야기할 수 있다 ← 가능
- 話させる 이야기하게 하다 ← 사역

요점정리

せる
5단동사와 변격동사 'する'의 ない형에 접속된다.

させる
1단동사와 변격동사 '来る'의 ない형에 접속된다.

'する(하다)'에 접속될 때에는 'さ'에 접속된다.

가능동사
5단동사를 1단동사로 만든다. 즉, 5단동사 어미를 え단으로 고친 후, 'る'를 붙인다.
かく → かける
　　　쓸 수 있다

216

21. 選手に 練習を させます。

(2) 타동사와 혼동하지 말 것

見る 보다 ┌ 見せる 보여 주다, 보이다 ← 타동사
       └ 見させる 보게 하다 ← 사역

❷ ～なさい ～해요

'なさい'는 'なさる(하시다)'의 명령형이지만 '동사의 ます형+なさい'꼴로 쓰여, '～て ください'보다 존경의 정도가 낮으며, 친구나 손아랫 사람에게 가볍게 명령할 때 쓴다.

黙って いなさい。 잠자코 있어요.

読みなさい。 읽어요.

요점정리

✱ なさい
'なさいませ'의 준말로, '～て ください'보다 존경의 정도가 낮다.

회화

A : 昨日は どこかに 行きましたか。
B : 私は 昨日 先生の お宅に おじゃまさせて もらいました。
A : そうですか。 どうでしたか。
B : 先生は 私に いろんな 話を 聞かせて くださいました。
　　 また、おいしい 物を たくさん 食べさせて いただきました。
A : それは よかったですね。

────────

A : 어제는 어딘가에 갔었습니까?
B : 나는 어제 선생님 댁을 방문했습니다.
A : 그렇습니까? 어땠습니까?
B : 선생님은 저에게 여러 가지 이야기를 들려 주셨습니다.
　　 또, 맛있는 음식을 많이 먹여 주셨습니다.
A : 그거 좋았겠네요.

연/습/문/제

01 다음 밑줄에 'せる, させる'를 알맞게 활용시켜 넣으시오.

(1) 先生は 私に 考え____ました。

(2) 早く 来____ば いいですね。

(3) 弟に 字を 書か____ました。

(4) 運動____ば 元気に なるよ。

02 다음 우리말을 일본어로 옮기시오.

(1) 학생에게 아침 일찍 학교에 오게 합니다.

(2) 남동생에게 늦게까지 공부시켜 주십시오.

(3) 공부를 시키려고 해도 하지 않습니다.

(4) 동화를 읽혀 보았습니다.

도움말

01
- せる : 5단동사와 변격동사 'する'의 ない형에 접속.
- させる : 1단동사와 변격동사 '来る'의 ない형에 접속.
(1) 考(かんが)える 생각하다(1단동사)
(3) 書(か)く 쓰다(5단동사)

02
(1) 일찍 : 早(はや)く

(2) 늦게까지 : おそくまで

(3) 시키려고 : させようと

(4) 동화 : 童話(どうわ)

해답 01. (1) させ (2) させれ (3) せ (4) させれ 02. (1) 学生に 朝 早く 学校へ 来させます。 (2) 弟に おそくまで べんきょうさせて ください。 (3) べんきょうを させようと しても しません。 (4) 童話を 読ませて みました。

22 きょうは 雨が ふりそうです。

중요문형

1. 雨が 降りそうです。
   비가 올 것 같습니다.

2. 雨が 降るそうです。
   비가 온다고 합니다.

3. きょうは 天気が よさそうです。
   오늘은 날씨가 좋을 것 같습니다.

4. 天気よほうに よると、あした 雨だそうです。
   일기예보에 따르면 내일 비가 온다고 합니다.

5. 天気よほうに よると、この 天気は あしたまで つづくそうです。
   일기예보에 따르면 이 날씨는 내일까지 계속된다고 합니다.

A あなたは 今日 どうして かさを もって 来ましたか。
당신은 오늘 어째서 우산을 가지고 왔습니까?

今朝 空が くもって、雨が 降りそうでした。
오늘 아침 하늘이 흐려서 비가 올 것 같았습니다.

それで かさを 持って 来ました。
그래서 우산을 가지고 왔습니다.

한자읽기 雨 降る 天気 今朝 空 持つ

Text 22

B 天気予報は 聞きましたか。
일기예보는 들었습니까?

はい、聞きました。
예, 들었습니다.

天気予報では 何と 言って いますか。
일기예보에서는 뭐라고 말합니까?

きょうの 天気予報に よると、午後から 雨が 降るそうです。
오늘의 일기예보에 따르면, 오후부터 비가 온다고 합니다.

このごろも 天気予報が 当らない ときが ありますか。
요즘도 일기예보가 적중하지 않을 때가 있습니까?

いいえ、このごろは 当らない ときが ほとんど ありません。
아니요, 요즘은 적중하지 않을 때가 거의 없습니다.

C 午後に なると 天気予報どおりに 雨が 降り出しました。
오후가 되자 일기예보대로 비가 오기 시작했습니다.

この 天気は いつまで つづくでしょうか。
이 날씨는 언제까지 계속될까요?

あさってまで つづくそうです。
모레까지 계속된다고 합니다.

| 한자읽기 | 天気予報 午後 当る 降り出す |

22. きょうは 雨が ふりそうです。

D 雨が 上がると どこかへ 行こうと 思って いますか。
비가 그치면 어딘가에 가려고 생각하고 있습니까?

来週から 試験が はじまりますから、
다음주부터 시험이 시작되기 때문에

うちで 勉強を する つもりです。
집에서 공부를 할 예정입니다.

| 한자읽기 | 上がる | 来週 | 試験 | 勉強 |

문/형/연/습

01　きょうは　雨(あめ)が　ふるそうです。
　　　오늘은　　　비가　　온다고 합니다.

　　　きょうは　空(そら)が　くもる　　そうです。
　　　　　　　　雨(あめ)が　上(あ)がる
　　　　　　　　授業(じゅぎょう)が　おわる

어휘익히기

○ 01
雨(あめ) 비
ふる 내리다
空(そら) 하늘
くもる 흐리다
　↔はれる 개다
上(あ)がる 그치다
授業(じゅぎょう) 수업
おわる 끝나다

02　雨(あめ)が　ふりそうです。
　　　비가　올 것 같습니다.

　　　空(そら)が　くもり　そうです。
　　　風(かぜ)が　ふき
　　　試合(しあい)に　まけ

○ 02
風(かぜ) 바람
ふく 불다
試合(しあい) 시합
まける 지다

03　この　本(ほん)は　おもしろいそうです。
　　　이　　책은　　재미있다고 합니다.

　　　問題(もんだい)は　むずかしい　そうです。
　　　日本(にほん)は　あつい
　　　そこは　あぶない

○ 03
おもしろい 재미있다
問題(もんだい) 문제
むずかしい 어렵다
あつい 덥다
あぶない 위험하다

풀이　**01.** 오늘은 [하늘이 흐리다/비가 그친다/수업이 끝난다]고 합니다.　**02.** [하늘이 흐릴/바람이 불/시합에 패배할] 것 같습니다.　**03.** [문제는 어렵다/일본은 덥다/거기는 위험하다]고 합니다.

22. きょうは 雨が ふりそうです。

04 この 本は おもしろそうです。
이 책은 재미있을 것 같습니다.

問題は むずかし そうです。

日本は あつ

そこは あぶな

어휘익히기

05 あの 学生は まじめだそうです。
저 학생은 성실하다고 합니다.

あの 先生は りっぱだ そうです。

あの 海は しずかだ

この 大学は 有名だ

05
まじめだ 성실하다
りっぱだ 훌륭하다
しずかだ 조용하다
有名(ゆうめい)だ 유명하다

06 あの 学生は まじめそうです。
저 학생은 성실할 것 같습니다.

あの 先生は りっぱ そうです。

あの 海は しずか

この 大学は 有名

풀이 **04.** [문제가 어려울/일본은 더울/거기는 위험할] 것 같습니다. **05.** [저 선생님은 훌륭하다/저 바다는 조용하다/이 대학은 유명하다]고 합니다. **06.** [저 선생님은 훌륭할/저 바다는 조용할/이 대학은 유명할] 것 같습니다.

문/형/연/습

07 お金が ないそうです。
　　돈이　　없다고 합니다.

　　家が　　　ないそうです。
　　仕事が

어휘익히기

07
ない 없다
仕事(しごと) 일, 직업

08 お金が なさそうです。
　　돈이　　없을 것 같습니다.

　　家が　　　なさそうです。
　　仕事が

08
なさそうです
　없을/않을 것 같습니다

09 雨が ふらないそうです。
　　비가　오지 않는다고 합니다.

　　どこにも 行か ないそうです。
　　おさけを のま

09
さけ 술
のむ 마시다

10 雨が ふらなそうです。
　　비가　오지 않을 것 같습니다.

　　どこにも 行か なそうです。
　　おさけを のま

10
なそうです
　않을 것 같습니다

풀이 **07.** [집이/직업이] 없다고 합니다. **08.** [집이/직업이] 없을 것 같습니다. **09.** [어디에도 가지/술을 마시지] 않는다고 합니다. **10.** [어디에도 가지/술을 마시지] 않을 것 같습니다.

문/법/교/실

❶ 조동사 'そうだ'

조동사 'そうだ'는 전문(伝聞)의 뜻(~라고 한다)와 양태(様態)의 뜻 (~일 것 같다)으로 쓰인다.

(1) 전문의 'そうだ' : ~라고 한다

'활용어(동사·い형용사·な형용사·조동사)의 기본형+そうだ'의 형태로서, 남한테 들은 말을 전하는 꼴이다.

동사의 기본형+そうだ	→ 行くそうだ 간다고 한다
い형용사의 기본형+そうだ	→ 暑いそうだ 덥다고 한다
な형용사의 기본형+そうだ	→ 静かだそうだ 조용하다고 한다
조동사의 기본형+そうだ	→ 行かないそうだ 가지 않는다고 한다

'전문의 そうだ'는 ます형과 기본형의 모양, 즉 'そうで'와 'そうだ'의 모양으로만 쓰인다.

• 전문의 そうだ 활용표

	ない형	ます형	기본형	가정형	명령형
そうだ	○	そうで	そうだ	○	○
주된 용법		ある			

五月には ┌ 完成するそうである 완성한다고 한다 ← ます형
         └ 完成するそうだ 완성한다고 한다 ← 기본형

참고 ① 활용어의 기본형에 붙으면 전문, 그 나머지는 양태이다.

② ます형에는 계속법이 있는데 문맥에 따라 적절히 풀이한다.

合格なさったそうで、おめでとうございます。
합격하셨다니 축하합니다.

天気が 悪いそうで、山に 行きません。
날씨가 나쁘다 하니까 산에 가지 않습니다.

요점정리

✱ そうだ
  ① 伝聞(전문)
  ② 様態(양태)로 쓰임.

• **전문**
  활용어의 기본형에 붙는다.

• **양태**
  동사의 ます형, い형용사의 어간, な형용사의 어간, 조동사의 어간에 붙는다.

225

문/법/교/실

(2) 양태의 'そうだ' : ~일 것 같다

'そうだ'는 모양이 'だ'로 끝났으므로 な형용사형 활용을 한다. 동사의 ます형, 조동사의 ます형에 접속되며, い형용사, な형용사, い형용사형 조동사, な형용사형 조동사의 어간에 접속되어 불확실한 판단을 나타낸다.

단, い형용사 'よい', 'ない'는 '양태의 そうだ' 앞에 올 때에 어간 'よ, な'에 접미어 'さ'가 붙어 'よさそうだ', 'なさそうだ' 모양으로 쓰인다.

하지만 조동사 'ない'에 접속될 때에는 'さ'를 붙이지 않고 어간에 붙여서 양태를 나타낸다.

동사의 ます형+そうだ	→ 行きそうだ 갈 것 같다
い형용사의 어간+そうだ	→ 暑そうだ 더울 것 같다
な형용사의 어간+そうだ	→ 静かそうだ 조용할 것 같다

い형용사형 조동사
な형용사형 조동사 ⎤의 어간+そうだ

→ 食べなそうだ 먹지 않을 것 같다

단, い형용사 'ない', 'よい'는 '어간+さ+そうだ'로 쓰인다.
→ お金が なさそうだ。 돈이 없을 것 같다.

• **양태의 そうだ 활용표**

	よう형	ます형	기본형	가정형	명령형
そうだ	そうだろ	そうだっ そうで そうに	そうだ	そうなら	○
주된 용법	う	た, ない 동사	명사	(ば)	

요점정리

✱ **양태의 そうだ**
① 동사의 ます형
② い형용사의 어간
③ な형용사의 어간
④ 조동사의 어간에 접속된다.

✱ 형용사 'ない'와 'よい'는 어간에 'さ'가 붙어, 'なさそうだ', 'よさそうだ'로 쓰인다.

✱ 전문은 'そうで', 'そうだ'의 모양뿐이지만, 양태는 な형용사의 모양과 똑같이 활용한다.
① '활용어의 기본형+そうだ'는 전문
② '어간+です'는 정중한 표현
→ 五時には 帰って 来そうです。
5시에는 돌아올 것 같습니다.

22. きょうは 雨が ふりそうです。

요점정리

雨が
- 降りそうだろう 내릴 것 같겠지 ← よう형
- 降りそうだった 내릴 것 같았다 ← ます형
- 降りそうだ 내릴 것 같다 ← 기본형
- 降りそうなら(ば) 내릴 듯하면 ← 가정형

회화

A: 金さんが 来月 結婚するそうですね。

B: ええ、ほんとうですか。

A: ほんとうですよ。
経理課の 李さんと 結婚するんですって。

B: じゃ、社内結婚ですね。

A: そうですね。あ、お祝い どうしましょうか。

B: 金さんに 何が ほしいか 聞きましょう。

A: 김씨가 다음달 결혼한다는군요.
B: 예? 정말이에요?
A: 정말이에요. 경리과의 이 양과 결혼한대요.
B: 그럼 사내 결혼이군요.
A: 그렇죠. 아, 축하 선물은 어떻게 할까요?
B: 김씨에게 무엇이 갖고 싶은지 물어봅시다.

연/습/문/제

01 다음 문장의 밑줄 친 부분을 ( ) 안의 말을 활용하여 바꾸시오.

(1) どうも 雨が 降りそうです。(風が 吹く)

(2) あの 人は 大学生だそうです。(銀行員)

(3) ラジオに よると、午後から 雨が 降るそうです。(雪が 降る)

(4) 鄭さんは あした お見舞いに 行くそうだ。(遠足に 行く)

02 다음 우리말을 일본어로 옮기시오.

(1) 비가 올 듯합니다. 빨리 갑시다.

(2) 이 부근은 조용한 것 같습니다.

(3) 신문에 의하면 내일은 춥다고 합니다.

(4) 인형을 소중한 듯이 안고 있다.

도움말

01
(1) 吹(ふ)く 불다
(2) 銀行員(ぎんこういん) 은행원
(3) 午後(ごご) 오후
    雪(ゆき) 눈
(4) お見舞(みま)い 문병
    遠足(えんそく) 소풍

02
(1) 빨리 : はやく

(2) 부근 : へん
    조용하다 : しずかだ

(3) 신문 : 新聞(しんぶん)
    춥다 : さむい

(4) 인형 : 人形(にんぎょう)
    소중하다 :
      大切(たいせつ)だ
      =大事(だいじ)だ
    안다 : 抱(だ)く

해답
01. (1) どうも 風が 吹きそうです。 (2) あの 人は 銀行員だそうです。 (3) ラジオに よると、午後から 雪が 降るそうです。 (4) 鄭さんは あした 遠足に 行くそうだ。 **02.** (1) 雨が ふりそうです。はやく 行きましょう。 (2) この へんは しずかそうです。 (3) しんぶんに よると、あしたは さむいそうです。 (4) にんぎょうを たいせつそうに だいて いる。

23 お母さんに 叱られました。

중요문형

1. お母さんに 叱られました。
   엄마에게 야단맞았습니다.

2. お酒を 飲まされて 酔ってしまいました。
   술을 먹여서 취해 버렸습니다.

3. 家へ 帰ろうと しましたが。
   집에 돌아가려고 했습니다만.

4. 今日 合コンに 誘われて 一緒に 行こうとしました。
   오늘 미팅에 권유받아서 같이 가려고 했습니다.

A

今日 元気ないですね。 何か あったんですか。
오늘 힘이 없네요.　무슨 일 있었습니까?

お母さんに 叱られました。
엄마에게 야단맞았습니다.

本当ですか。 何でですか。
정말요?　왜요?

昨日 近くの 居酒屋で 新入生 歓迎会 あったじゃないですか。
어제 근처 술집에서 신입생 환영회 있었잖아요.

11時頃 家へ 帰ろうと しましたが、
11시 경 집에 돌아가려고 했습니다만,

한자읽기　叱られる　酒　酔う　合コン　誘う　一緒　元気　近く　居酒屋
新入生　歓迎会　頃

Text 23

先輩(せんぱい)たちに 引(ひ)きとめられて 遅(おそ)くなったんです。 しかも
선배들한테　　　붙잡혀서　　　　늦어졌어요.　　　　　　게다가

先輩(せんぱい)たちに お酒(さけ)を たくさん 飲(の)まされて 酔(よ)ってしまいました。
선배들이　　　　술을　　　　많이　　　먹여서　　　　취해 버렸어요.

B あら！ あなた お酒(さけ) 弱(よわ)いでしょう。
저런!　당신　　술　　약하잖아요.

少(すこ)しだけ 飲(の)めば よかったのに。
조금만　　　마시면　　좋았을 것을.

先輩(せんぱい)たちが もっと 飲(の)めって 言(い)いましたから。
선배들이　　　　더　　　　마시라고　해서 말이에요.

C 家(いえ)に 帰(かえ)ったら 十二時(じゅうにじ) すぎました。
집에　　돌아왔더니　열두 시가　　지났습니다.

それで、門限(もんげん)まで できました。
그래서　　통금까지　　생겼습니다.

今日(きょう)から 10時(じゅうじ)まで 家(いえ)に 帰(かえ)らなければ ならないです。
오늘부터　　10시까지　　　집에　　돌아가지 않으면　　안돼요.

そうですか。今日(きょう) 合(ごう)コンに 誘(さそ)われて 一緒(いっしょ)に 行(い)こうと
그렇군요.　　오늘　　미팅에　　　권유받아서　　같이　　　가려고

したのに、残念(ざんねん)ですね。
했는데　　　아쉽네요.

| 한자읽기 | 先輩(せんぱい) | 引(ひ)きとめる | 遅(おそ)い | 弱(よわ)い | 門限(もんげん) | 誘(さそ)う | 残念(ざんねん) |

문/형/연/습

01 私(わたし)は 鄭さんに ほめられました。
　　저는　정씨에게　칭찬받았습니다.

　　私(わたし)は 鄭さんに　呼(よ)ばれました。
　　　　　　　　　　　　認(みと)められました。
　　　　　　　　　　　　招(まね)かれました。

어휘익히기

○ 01
ほめる 칭찬하다
　↔しかる 야단치다
呼(よ)ぶ 부르다
認(みと)める 인정하다
招(まね)く 초대하다

02 バスを 降(お)りようと しました。
　　버스에서　내리려고　　　했습니다.

　　駅(えき)を 出(で)よう　と しました。
　　家(いえ)へ 帰(かえ)ろう
　　バスに 乗(の)ろう

○ 02
降(お)りる 내리다
出(で)る 나가다
帰(かえ)る 돌아가다
乗(の)る 타다

03 雨(あめ)に ふられて こまりました。
　　비를　맞아서　　난처해졌습니다.

　　父(ちち)に 死(し)なれて　こまりました。
　　子供(こども)に 泣(な)かれて
　　友(とも)だちに あそばれて

○ 03
死(し)ぬ 죽다
子供(こども) 어린이
泣(な)く 울다
あそぶ 놀다

풀이 01. 저는 정씨에게 [부름을 받았습니다/인정받았습니다/초대받았습니다]. 02. [역에서 나오려고/집으로 돌아가려고/버스를 타려고] 했습니다. 03. [부친상을 당해서/어린이가 울어서/친구가 놀러와서] 난처해졌습니다.

문/형/연/습

04 先生に しかられました。
　　선생님에게 꾸중을 들었습니다.

> 先生に ほめられました。
> 友だちに なぐられました。
> どろぼうに ぬすまれました。
> 兄に いじめられました。

어휘익히기

○ 04
しかる 야단치다
　↔ほめる 칭찬하다
なぐる 때리다
どろぼう 도둑
ぬすむ 훔치다
いじめる 괴롭히다

05 先生は 金君を しかりました。
　　선생님은 김 군을 야단쳤습니다.

> 先生は 金君を ほめました。
> 友だちは 金君を なぐりました。
> どろぼうは ものを ぬすみました。
> 兄は 金君を いじめました。

06 ゆうべ 友だちに 呼ばれました。
　　어젯밤 친구에게 부름을 받았습니다.

> 映画を 見に 行こうと さそわれました。
> 帰りに にわか雨に ふられました。
> 昨日 先生に 聞かれました。

○ 06
ゆうべ 어젯밤
呼(よ)ぶ 부르다
さそう 유혹하다, 권유하다
にわか雨(あめ) 소나기

풀이 04. [선생님에게 칭찬받았습니다/친구에게 맞았습니다/도둑에게 도둑맞았습니다/형에게 괴롭힘을 당했습니다]. 05. [선생님은 김 군을 칭찬했습니다/친구는 김 군을 때렸습니다/도둑은 물건을 훔쳤습니다/형은 김 군을 괴롭혔습니다]. 06. [영화를 보러 가자고 권유받았습니다/돌아올 때 소나기를 맞았습니다/어제 선생님에게 질문받았습니다].

문/법/교/실

❶ 조동사 'れる, られる'

(1) **れる** : 5단동사 ない형과 변격동사(する) ない형 'さ'에 접속된다.

즉, 5단동사 ない형+れる
변격동사 ない형(さ)+れる

(2) **られる** : 1단동사, 변격동사(くる) ない형에 접속된다.

(3) **れる, られる의 의미**
① 피동 : ~지다, ~되다, ~당하다   ② 가능 : ~할 수 있다
③ 자발(自発) : 저절로 ~하다   ④ 존경 : ~하시다

	ない형	ます형	기본형	가정형	명령형
れる	れ	れ	れる	れれ	れろ, れよ
られる	られ	られ	られる	られれ	られろ, られよ
주된 용법	ない	ます	○	ば	○

*가능·자발·존경은 명령형이 없다.

(4) **피동 れる, られる의 활용 : ~당하다**

犬(いぬ)に かまれる。 개에 물리다.

先生に ほめられる。 선생님에게 칭찬받다.

犬に ┬ かまれない 물리지 않는다   ← ない형
     ├ かまれます 물립니다   ← ます형
     ├ かまれる 물리다   ← 기본형
     ├ かまれれば 물리면   ← 가정형
     └ かまれろ／れよ 물려라   ← 명령형

先生に ┬ ほめられない 칭찬받지 않는다   ← ない형
       ├ ほめられます 칭찬받습니다   ← ます형
       ├ ほめられる 칭찬받다   ← 기본형
       ├ ほめられれば 칭찬받으면   ← 가정형
       └ ほめられろ／れよ 칭찬받아라 ← 명령형

요점정리

✱ **れる, られる**
- 접속 : 'れる'는 5단동사와 변격동사 'する'의 ない형에 붙는다. 'られる'는 1단동사와 변격동사 '来る'의 ない형에 붙는다.

✱ 피동의 형태는 주로 '사람+に'로, '당한 일', '받은 일'에 쓰인다.

문/법/교/실

> **참고** 일본어에는 자동사로 피동 표현을 쓰므로 문맥에 따라 적절히 해석을 해야 한다.
> 父に 死なれる。 아버지를 여의다.
> 雨に 降られる。 비를 맞다.
> 友だちに 来られる。 친구가 오다.

(5) 가능 '**れる, られる**'의 활용 : ~할 수 있다
工場まで あるいて 行かれる。 공장까지 걸어서 갈 수 있다.
それなら 私も 答えられる。 그거라면 나도 대답할 수 있다.

あるいて
- 行かれない 갈 수 없다 ← ない형
- 行かれます 갈 수 있습니다 ← ます형
- 行かれる 갈 수 있다 ← 기본형
- 行かれれば 갈 수 있으면 ← 가정형

私も
- 答えられない 대답할 수 없다 ← ない형
- 答えられます 대답할 수 있습니다 ← ます형
- 答えられる 대답할 수 있다 ← 기본형
- 答えられれば 대답할 수 있으면 ← 가정형

> **참고** 5단동사를 1단동사(え단)화 하면 가능동사가 된다.
> 読む 읽다(5단동사)
> →読める 읽을 수 있다(1단동사, 가능동사)

(6) 자발 '**れる, られる**'의 활용 : 저절로 ~하다
試験が 案じられる。 시험이 걱정된다.

試験が
- 案じられない 걱정되지 않는다 ← ない형
- 案じられます 걱정됩니다 ← ます형
- 案じられる 걱정되다 ← 종지형
- 案じられれば 걱정되면 ← 가정형

(7) 존경 '**れる, られる**'의 활용 : ~하시다
先生が 書かれる。
선생님이 쓰신다.

요점정리

✱ 5단동사를 1단동사(え단)화 하면 가능동사가 된다. 가능동사 앞에는 조사 'を'를 쓰지 못하고, 'が'를 쓴다.
本を 読む。
→本が 読める。(○)
本を 読める。(×)

✱ 자발은 '저절로 ~하다'의 뜻으로, 모든 동사에 붙는 것이 아니라, '思(おも)う, 思い出(だ)す, しのぶ, 泣(な)く, 案(あん)じる, 待(ま)つ' 등에 쓰인다.

23. お母さんに 叱られました。

先生が
- 書かれない 쓰시지 않는다 ← ない형
- 書かれます 쓰십니다 ← ます형
- 書かれる 쓰시다 ← 기본형
- 書かれれば 쓰시면 ← 가정형

요점정리

✱ 존경 표현은 주로 윗사람에 쓰이며, 조사 'に'를 쓰지 않고 'が, は, も'를 쓴다.

회화

A : あなたは 昨日 休みでしたか。

B : はい、私は 昨日 のどが 痛かったので 病院へ 行きました。

A : お医者さんは すぐに 診察して くれましたか。

B : いいえ、患者が 多かったので、四十分ぐらい 待たされました。

A : 病気は どうでしたか。

B : 大した ことは ありませんでしたが、病気が 治るまで たばこを やめさせられました。

A : 당신은 어제 쉬었습니까?
B : 예, 나는 어제 목이 아팠으므로 병원에 갔었습니다.
A : 의사 선생님은 바로 진찰해 주었습니까?
B : 아니요, 환자가 많아서 40분 정도 기다렸습니다.
A : 병은 어떠했습니까?
B : 대단한 것은 아니었지만 병이 나을 때까지 담배를 끊어야 합니다.

연/습/문/제

01 다음 우리말을 일본어로 옮기시오.

(1) 친구와 싸움을 해서 선생님에게 꾸중을 들었습니다.

(2) 갑자기 아버지가 돌아가셔서 난처했습니다.

(3) 어젯밤 도둑이 들었습니다.

(4) 도중에 비를 맞았습니다.

(5) 누나에게 잔소리를 들었습니다.

02 다음 밑줄 친 'れる, られる'의 용법을 보기에서 골라 쓰시오.

[보기]　가능, 존경, 자발, 피동

(1) ぼくは 先生に ほめ<u>られ</u>た。
(2) 今度(こんど)の 質問(しつもん)には とうてい 答(こた)え<u>られ</u>ません。
(3) アルバムを 見(み)るたびに 幼(おさな)いころのことが 思(おも)い出(だ)<u>される</u>。
(4) あの方(かた)は あした 日本(にほん)へ 行(い)か<u>れる</u>そうです。
(5) どうも 朝(あさ) 早(はや)くは 起(お)き<u>られ</u>ない。
(6) お母(かあ)さんに しか<u>られ</u>ました。

도움말

01
(1) 싸움을 하다 : けんかを する
(2) 갑자기 : 突然(とつぜん)
　죽다 : 死(し)ぬ
　난처하다 : こまる
(3) 어젯밤 : ゆうべ
　도둑 : どろぼう
(4) 도중에 : とちゅうで
(5) 잔소리 : こごと

02
• 가능 : ~할 수 있다
• 자발 : 저절로 ~하다
• 피동 : ~되다, ~당하다
(1) 칭찬받았다
(2) 대답할 수 없습니다
(3) 생각난다
　幼(おさな)い 어리다
(4) 가신다고 합니다
(5) 일어날 수 없다
(6) 꾸중들었습니다

해답

01. (1) 友だちと けんかを して 先生に しかられました。 (2) 突然 父に しなれて こまりました。 (3) ゆうべ どろぼうに はいられました。 (4) とちゅうで 雨に ふられました。 (5) あねに こごとを 言われました。　**02.** (1) 피동 (2) 가능 (3) 자발 (4) 존경 (5) 가능 (6) 피동

24 小さな ねじ

중요문형

① 音を 立てて います。
　소리를　내고　　있습니다.

② 五時を 指した まま 止まって しまいました。
　5시를　가리킨　채　　멈춰　　버렸습니다.

③ 時計を なおさせました。
　시계를　고치게 했습니다.

④ 時計を なおして あげましょう。
　시계를　고쳐　　드리지요.

⑤ どんなに 大きな 時計でも。
　아무리　　커다란　시계라도.

⑥ 行かなければ ならないです。
　가지 않으면　　안 됩니다.

A

ある 町の 中ほどに 高い 時計台が あって、
어느　마을의 중간쯤에　높은　시계탑이　있어,

大きな 時計が チックタックと 音を 立てて います。
커다란　시계가　똑딱 하는　　　소리를 내고 있습니다.

町の 人は 時計を 見て、
마을 사람은 시계를 보고,

한자읽기
音　立てる　指す　止まる　町　時計台

Text 24

「もう 九時 五分 まえだ。急がなければ 列車に おくれる。」
「벌써 9시 5분 전이다. 서두르지 않으면 기차에 늦겠다.」

と 言って、駅へ 急ぎます。
라고 말하며, 역으로 서둘러 갑니다.

町の 子供たちは 時計の 音を 聞いて、
마을의 어린이들은 시계 소리를 듣고,

「三時に なった。おやつの 時間だ。」と 言って、
「3시가 되었다. 간식 시간이다.」라고 말하고,

うちへ かけこみます。
집으로 달려갑니다.

こうして 町じゅうの 人が この 時計を あてにして いました。
이렇게 마을 전체 사람들이 이 시계를 의지하고 있었습니다.

B ところが、ある日 この 時計が 五時を 指した まま、
그런데, 어느 날 이 시계가 5시를 가리킨 채

止まって しまいました。
멈추어 버렸습니다.

日が 暮れても 五時を 指して います。
해가 져도 5시를 가리키고 있습니다.

夜が あけても 五時を 指して います。
날이 새도 5시를 가리키고 있습니다.

한자읽기　急ぐ　列車　駅　子供　日　暮れる　夜

24. 小さな ねじ

「これは いけない。」と 言って、
「이거, 안 되겠어.」라고 말하고,

町長さんは 町の 時計屋さんに 時計を なおさせましたが、
읍장님은 마을의 시계포 주인에게 시계를 고치게 했지만,

なおりませんでした。
고쳐지지 않았습니다.

こまって いると、
난처해 하고 있는데,

ある 朝 ひとりの 旅人が 時計台を 見上げて、
어느 날 아침 한 나그네가 시계탑을 올려다보며,

「この 時計は 止まって いるな。なおして あげよう。」と
「이 시계는 멈춰 있군. 고쳐 줘야지.」라고

ひとりごとを 言って 町役場へ 行きました。
혼잣말을 하고 읍사무소로 갔습니다.

○ そして 町長さんに 会って「わたしは 時計屋です。
그리고 읍장님을 만나, 「저는 시계포 사람입니다.

時計台の 時計を なおして あげましょう。」と 言いました。
시계탑의 시계를 고쳐 드리겠습니다.」라고 말했습니다.

町長さんは 喜んで、「それは ありがたい。どうぞ
읍장님은 기뻐서, 「그것 고맙군요. 부디

| 한자읽기 | 町長　時計屋　朝　旅人　見上げる　町役場　喜ぶ |

Text 24

おねがいします。」と 言って 旅人と いっしょに 時計台に
부탁합니다.」라고　　말하고　나그네와　함께　　　시계탑으로

登りました。
올라갔습니다.

旅人の 時計屋さんが 時計を しらべてみると、
나그네인　시계포 사람이　시계를　조사해 보니,

小さな ねじが 一つ 取れて いました。
작은　　나사가　하나　빠져　　있었습니다.

それで、 かばんから マッチのじくぐらいの 小さな ねじを
그래서　　가방에서　　성냥개비 정도의　　　　작은　　나사를

取り出して、 ねじの 穴に さしこみました。 すると、 時計が
꺼내어　　　나사　　구멍에 끼워 넣었습니다.　그러자,　시계가

チックタックチックタックと 音を 立てて 動きだしました。
똑딱똑딱 하고　　　　　　　소리를 내며　움직이기 시작했습니다.

| 한자읽기 | 登る　取れる　取り出す　穴　動く |

24. 小さな ねじ

町長さんは 喜んで、旅人に おれいを 言いました。
읍장님은　　기뻐서　　나그네에게 고맙다고　했습니다.

それから、役場に 帰って みんなに、
그리고 나서　사무실로 돌아와　모두에게

「小さな ねじが 一つ 取れて いたんだよ。」と 話しますと、
「작은　　나사가　하나　빠져　　있었다네.」라고　　말하자,

これを 聞いて いた きゅうじさんが 小さな 声で、
이 말을 듣고　있던　사환이　　　　작은　소리로,

「小さな ねじが 一本 なければ、
「조그마한　나사가　한 개　없으면,

大きな 時計も 役に立たない。ぼくは これでも、
커다란　시계도　쓸모 없구나.　나는　이래봬도

大きな 時計の 小さな ねじだ。」と 言いました。
커다란　시계의　조그마한 나사야.」라고　말했습니다.

한자읽기　役場　話す　役に立つ

241

문/형/연/습

01 みんな テレビを 見て います。
　　 모두　　 텔레비전을 보고 있습니다.

みんな [しんぶんを 読んで / にわで あそんで / 川で およいで] います。

어휘익히기

01
にわ 정원
あそぶ 놀다
川(かわ) 강, 하천
およぐ 헤엄치다

02 五時を 指した まま 止まって しまいました。
　　 5시를　 가리킨　 채　 멈춰　　　 버렸습니다.

道ばたに 倒れた まま 起き上がりません。
その場に 立った まま 動きませんでした。
電灯を つけた まま 眠りました。
そのままで お上がりください。

02
指(さ)す 가리키다
まま ~채, ~대로
道(みち)ばた 길가
倒(たお)れる 쓰러지다
起(お)き上(あ)がる
　일어나다
つける 켜다
ねむる 자다

03 止まって しまいました。
　　 서　　　 버렸습니다.

汽車が 出 [て しまいました。/ これに 決め / その ことを わすれ]

03
止(と)まる 멎다, 서다
~て しまう ~해 버리다
決(き)める 정하다
わすれる 잊다

풀이 01. 모두 [신문을 읽고/정원에서 놀고/강에서 헤엄치고] 있습니다. 02. [길가에 쓰러진 채 일어나지 않습니다/그 자리에 선 채 움직이지 않았습니다/전등을 켠 채 잠들었습니다/그대로 들어오세요]. 03. [기차가 떠나/이것으로 결정해/그 일을 잊어] 버렸습니다.

24. 小(ちい)さな ねじ

04　私(わたし)は 鄭(てい)さんに 日本語(にほんご)を 教(おし)えて あげました。
　　나는　정씨에게　일본어를　가르쳐　드렸습니다.

　　私(わたし)は 鄭(てい)さんに ┌ 道(みち)を 教(おし)え ┐ て あげました。
　　　　　　　　　　　　　│ まんねんひつを 買(か)っ │
　　　　　　　　　　　　　└ おかしを 作(つく)っ ┘

어휘익히기

○ 04
教(おし)える
　가르치다, 가리키다
おかし 과자
作(つく)る 만들다

05　私(わたし)は 田中(たなか)さんに 人形(にんぎょう)を もらいました。
　　나는　다나카 씨에게　인형을　받았습니다.

　　私(わたし)は 田中(たなか)さんに ┌ くつした ┐ を もらいました。
　　　　　　　　　　　　　　　│ ネクタイ │
　　　　　　　　　　　　　　　└ ゆびわ ┘

○ 05
もらう 받다
くつした 양말
ゆびわ 반지

06　私(わたし)は 学校(がっこう)へ 行(い)かなければ なりません。
　　나는　학교에　가지 않으면　안 됩니다.

　　私(わたし)は ┌ しゅくだいを やら ┐ なければ なりません。
　　　　　　　│ しょうせつを 読(よ)ま │
　　　　　　　│ 学校(がっこう)の きそくを 守(まも)ら │
　　　　　　　└ 家(いえ)へ 帰(かえ)ら ┘

○ 06
〜なければ なりません
　〜않으면 안 됩니다
しゅくだい 숙제
しょうせつ 소설
きそく 규칙
守(まも)る 지키다

풀이
04. 나는 정씨에게 [길을 가리켜/만년필을 사/과자를 만들어] 드렸습니다.　05. 나는 다나카 씨에게 [양말/넥타이/반지]를 받았습니다.　06. 나는 [숙제를 하지/소설을 읽지/학교의 규칙을 지키지/집으로 돌아오지] 않으면 안 됩니다.

문/법/교/실

❶ ～て しまう　　～해 버리다

'～て しまう'는 동작이 완전히 끝나 버렸음을 나타내는 표현이다.

とまって しまいました。 멈춰 버렸습니다.

行って しまいました。 가 버렸습니다.

그러나 '～て しまう' 형태가 아니고 '～を しまう' 또는 '～に しまう'로 사용될 때에는 본동사이므로, '～에 챙겨넣다', '간수하다', '～을 닫다'로 사용된다.

道具を しまう。 연장을 치우다.

店を しまって うちへ 帰りました。
가게를 닫고 집으로 돌아왔습니다.

❷ ～ては いけない／～ては だめだ／～ては ならない
～해서는 안 된다

'동사의 ます형+～ては いけない' 형태로, '～해서는 안 된다'는 금지를 나타낸다.

うちへ 帰っては いけない。 집으로 돌아가서는 안 된다.

❸ どんなに ～でも／ても

'どんなに'는 'どんな+に'의 형태로 부사적으로 쓰인다. 'どんなに'는 '～でも'와 호응하여 '아무리 ～할지라도'의 뜻을 나타낸다.

どんなに 力の 強い 人でも。 아무리 힘이 센 사람일지라도.

どんなに 言っても。 아무리 말할지라도.

❹ ようだ　　～인 듯하다, ～과 같다, ～인가 보다, ～도록

조동사 'ようだ'는 비유·예시·불확실한 단정·목적 등으로 사용된다. 활용어의 기본형이나 연체사 'この·その·あの·どの'와 조사 'の'에 접속된다.

요점정리

❋ ～て しまう
　～해 버리다
　～に しまう
　～에 간수하다
　～を しまう
　～을 닫다

❋ どんなに ～でも
　아무리 ～일지라도
　いくら ～ても
　아무리 ～일지라도

24. 小さな ねじ

まるで とりが とぶようである。 ← 비유
마치 새가 나는 것 같다.

あれが 学校のようだ。 ← 불확실한 단정
저것이 학교 같다.

金さんのような 人格者は 少ない。 ← 예시
김씨와 같은 인격자는 적다.

風が よく とおるように あけて ください。 ← 목적
바람이 잘 통하도록 열어 주세요.

참고 らしい : 'ようだ'와 같이 불확실한 추측을 나타내지만, 상당한 이유나 근거를 말할 때 쓰인다.
あのへんは 夜は しずからしい。
저 주변은 밤에는 조용한 것 같다.

요점정리

✳ 'ようだ'는 '비유 · 예시 · 불확실한 단정 · 목적' 등으로 쓰인다.

회 화

A : ケーキ もう 食べて しまった。
B : あら、みんなと 一緒に 食べようと 思ったのに。
A : ごめんね、おなかが すき過ぎて、つい。
B : どんなに お腹が すいても 一人で 食べては いけないでしょう。

A : 케이크 이미 먹어 버렸어.
B : 이런, 모두랑 같이 먹으려고 했는데.
A : 미안, 배가 너무 고파서 그만.
B : 아무리 배고파도 혼자서 먹으면 안되지.

연/습/문/제

01 다음 우리말을 일본어로 옮기시오.

(1) 작은 나사는 도움이 되므로.

(2) 작은 나사가 하나 빠져 있었기 때문에.

(3) 당신이 사면 나도 삽니다.

(4) 마을의 어린이들은 몇 시에 간식을 먹습니까?

02 다음 보기 중에서 가장 알맞은 경어를 선택하여 ( ) 안에 번호를 차례대로 써 넣으시오.

[보기] ① やります　② あげます　③ くれました
④ くださいました　⑤ もらいました　⑥ いただきました

先週　私は　同じ　会社に　いる　友だちと　奈良へ　行きました。奈良は　初めてなので　課長の山中さんに　案内して（　　　）。いろいろな　所を　見物しましたが、特に　法隆寺は　よかったと　思います。この　お寺は　今から 1300年以上も　前に　建てられたものだそうです。友だちは　買ったばかりのカメラで　私の　写真を　たくさん　とって（　　　）。山中さんは　私たちに　おみやげを　買って（　　　）。あした　その　写真と　おみやげを　国の　妹に　送って（　　　）。

도움말

01
(1) 나사 : ねじ
　　도움이 되다 :
　　　役(やく)に立(た)つ
(2) 빠지다 : 取(と)れる

(3) 사다 : 買(か)う

(4) 간식 : おやつ

02
先週(せんしゅう) 지난주
奈良(なら) 나라[지명]
課長(かちょう) 과장
山中(やまなか) 야마나카[인명]
案内(あんない) 안내
見物(けんぶつ) 구경
特(とく)に 특히
法隆寺(ほうりゅうじ) 호류지[절 이름]
寺(てら) 절
建(た)てる 짓다, 세우다
写真(しゃしん) 사진
おみやげ 선물
送(おく)る 보내다

해답

01. (1) 小さな　ねじは　役に立つから。 (2) 小さな　ねじが　一つ　取れて　いたから。 (3) あなたが　買ったら　私も　かいます。 (4) 町の　子供たちは　なんじに　おやつを　たべますか。
02. ⑥-③-④-①

*부록
일본어 쓰기 교본

시작이 반이라는 말이 있습니다. 일본어를 배울 때 가장 첫 단계가 오십음도, 즉 46개의 글자를 익히는 것입니다. 처음부터 큰 계획을 설정하여 그런 부담감 속에 지치지 말고 쓰는 연습부터 시작하여 차근차근 알차게 일본어를 정복합시다. 단순히 쓰기 연습이라 생각하지 말고 일본어를 정복하기 위해 처음 내딛는 중요한 걸음이란 마음으로 열심히 쓰면서 외웁시다!

오십음도

ひらがな(히라가나)

	あ단	い단	う단	え단	お단
あ행	あ a	い i	う u	え e	お o
か행	か ka	き ki	く ku	け ke	こ ko
さ행	さ sa	し shi	す su	せ se	そ so
た행	た ta	ち chi	つ tsu	て te	と to
な행	な na	に ni	ぬ nu	ね ne	の no
は행	は ha	ひ hi	ふ hu	へ he	ほ ho
ま행	ま ma	み mi	む mu	め me	も mo
や행	や ya		ゆ yu		よ yo
ら행	ら ra	り ri	る ru	れ re	ろ ro
わ행	わ wa				を o
	ん n				

カタカナ(가타카나)

	ア단	イ단	ウ단	エ단	オ단
ア행	ア a	イ i	ウ u	エ e	オ o
カ행	カ ka	キ ki	ク ku	ケ ke	コ ko
サ행	サ sa	シ shi	ス su	セ se	ソ so
タ행	タ ta	チ chi	ツ tsu	テ te	ト to
ナ행	ナ na	ニ ni	ヌ nu	ネ ne	ノ no
ハ행	ハ ha	ヒ hi	フ hu	ヘ he	ホ ho
マ행	マ ma	ミ mi	ム mu	メ me	モ mo
ヤ행	ヤ ya		ユ yu		ヨ yo
ラ행	ラ ra	リ ri	ル ru	レ re	ロ ro
ワ행	ワ w				ヲ o
	ン n				

청음 쓰기

あ행

あ	い	う	え	お
아[a]	이[i]	우[u]	에[e]	오[o]

あ あ い い う う え え お お

ア	イ	ウ	エ	オ
아[a]	이[i]	우[u]	에[e]	오[o]

ア ア イ イ ウ ウ エ エ オ オ

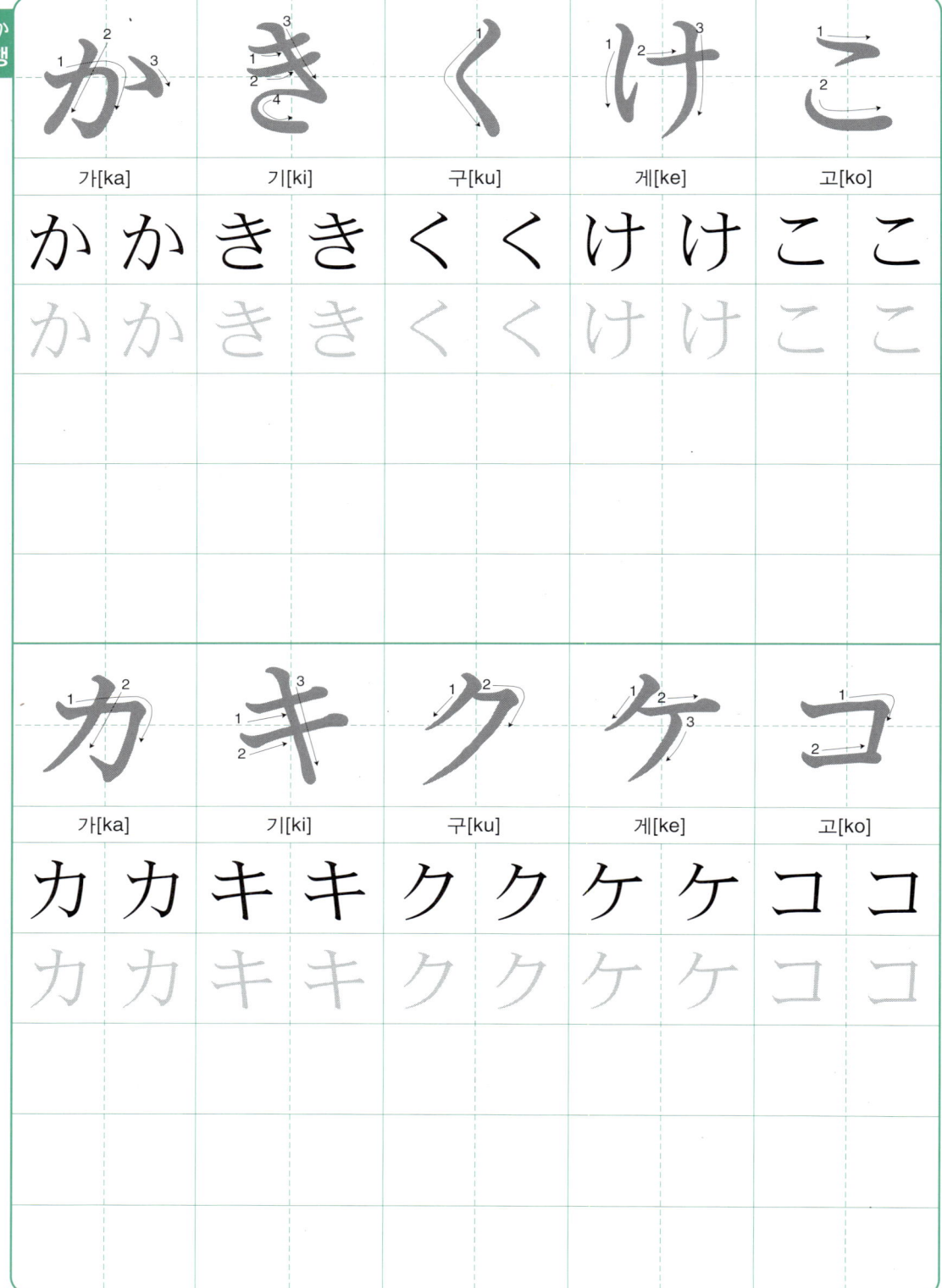

な行					
	な	に	ぬ	ね	の
	나[na]	니[ni]	누[nu]	네[ne]	노[no]
	な な	に に	ぬ ぬ	ね ね	の の
	な な	に に	ぬ ぬ	ね ね	の の

	ナ	ニ	ヌ	ネ	ノ
	나[na]	니[ni]	누[nu]	네[ne]	노[no]
	ナ ナ	ニ ニ	ヌ ヌ	ネ ネ	ノ ノ
	ナ ナ	ニ ニ	ヌ ヌ	ネ ネ	ノ ノ

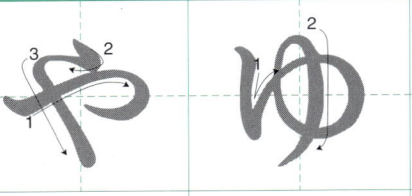

야[ya]	유[yu]	요[yo]
や や	ゆ ゆ	よ よ
や や	ゆ ゆ	よ よ

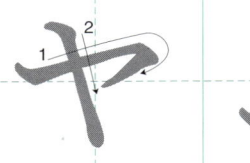 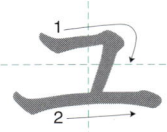 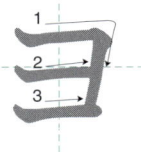

야[ya]	유[yu]	요[yo]
ヤ ヤ	ユ ユ	ヨ ヨ
ヤ ヤ	ユ ユ	ヨ ヨ

♣ 히라가나 쓰기 요령

▷ 원을 그리듯이 펜을 돌린다.

▷ 노끈을 맬 때의 모양으로 돌린다.

▷ 직사각형이 되게 한다.

▷ 정사각형이 되게 한다.

▷ 삼각형이 되게 한다.

ふ みん

▷ 역삼각형·마름모 꼴이 되게 한다.

て す そ

▷ 한쪽을 높게 한다.

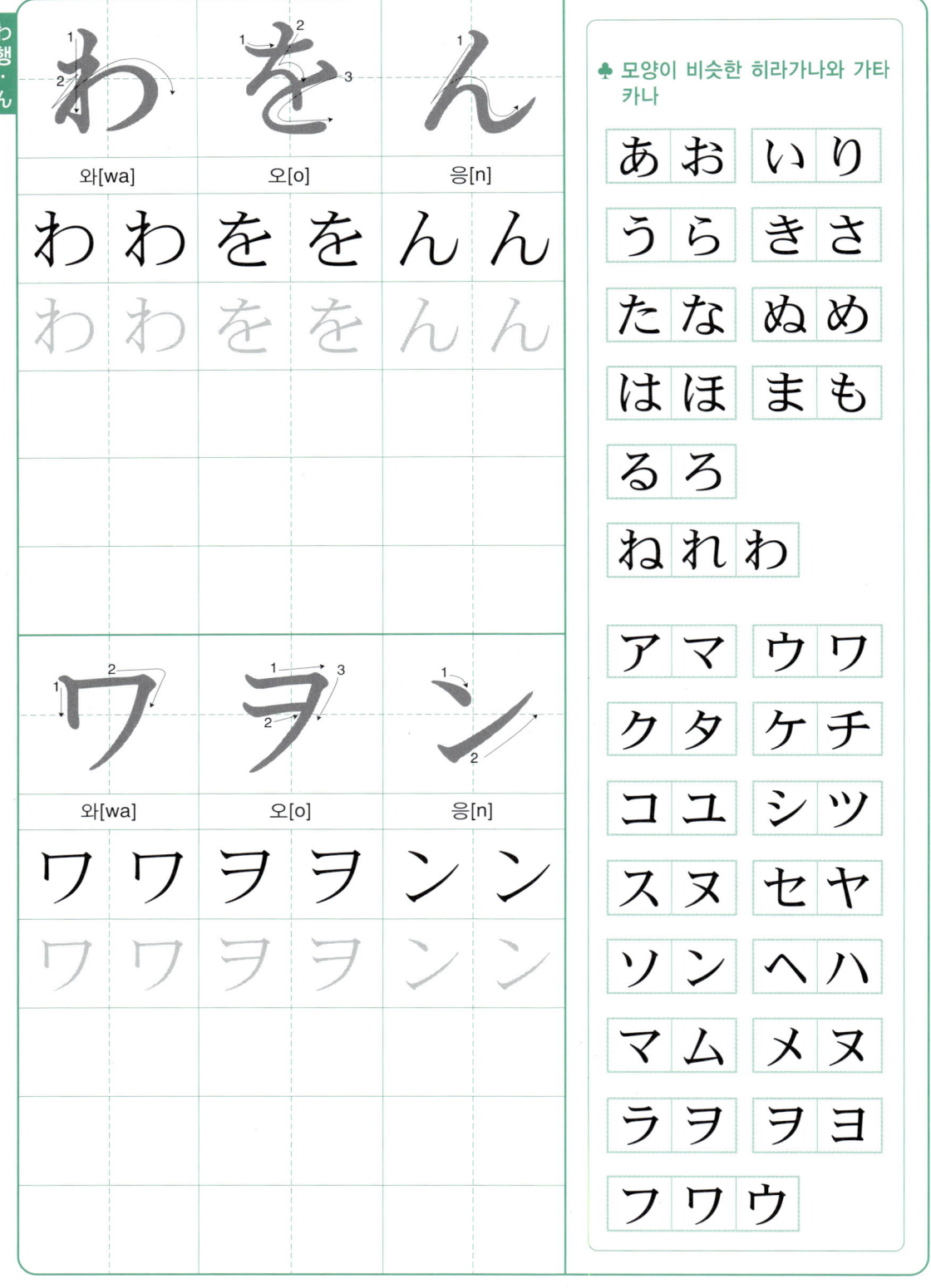

あ행/か행 연습

あ	い	う	え	お	か	き	く	け	こ
あ	い	う	え	お	か	き	く	け	こ

ア	イ	ウ	エ	オ	カ	キ	ク	ケ	コ
ア	イ	ウ	エ	オ	カ	キ	ク	ケ	コ

さ행/た행 연습

さしすせそたちつてと
さしすせそたちつてと

サシスセソタチツテト
サシスセソタチツテト

な행/は행 연습

な	に	ぬ	ね	の	は	ひ	ふ	へ	ほ
な	に	ぬ	ね	の	は	ひ	ふ	へ	ほ

ナ	ニ	ヌ	ネ	ノ	ハ	ヒ	フ	ヘ	ホ
ナ	ニ	ヌ	ネ	ノ	ハ	ヒ	フ	ヘ	ホ

ま행/や행 연습

ま	み	む	め	も	や	ゆ	よ
ま	み	む	め	も	や	ゆ	よ

マ	ミ	ム	メ	モ	ヤ	ユ	ヨ
マ	ミ	ム	メ	モ	ヤ	ユ	ヨ

ら행/わ행/ん 연습

ら	り	る	れ	ろ	わ	を	ん
ら	り	る	れ	ろ	わ	を	ん

ラ	リ	ル	レ	ロ	ワ	ヲ	ン
ラ	リ	ル	レ	ロ	ワ	ヲ	ン

히라가나 단 연습

あ단	あ	か	さ	た	な	は	ま	や	ら	わ
い단	い	き	し	ち	に	ひ	み		り	
う단	う	く	す	つ	ぬ	ふ	む	ゆ	る	
え단	え	け	せ	て	ね	へ	め		れ	
お단	お	こ	そ	と	の	ほ	も	よ	ろ	を

가타카나 단 연습

ア단	ア	カ	サ	タ	ナ	ハ	マ	ヤ	ラ	ワ
イ단	イ	キ	シ	チ	ニ	ヒ	ミ		リ	
ウ단	ウ	ク	ス	ツ	ヌ	フ	ム	ユ	ル	
エ단	エ	ケ	セ	テ	ネ	ヘ	メ		レ	
オ단	オ	コ	ソ	ト	ノ	ホ	モ	ヨ	ロ	ヲ

탁음 쓰기

が행

が	ぎ	ぐ	げ	ご
가[ga]	기[gi]	구[gu]	게[ge]	고[go]

が が ぎ ぎ ぐ ぐ げ げ ご ご
が が ぎ ぎ ぐ ぐ げ げ ご ご

ガ	ギ	グ	ゲ	ゴ
가[ga]	기[gi]	구[gu]	게[ge]	고[go]

ガ ガ ギ ギ グ グ ゲ ゲ ゴ ゴ
ガ ガ ギ ギ グ グ ゲ ゲ ゴ ゴ

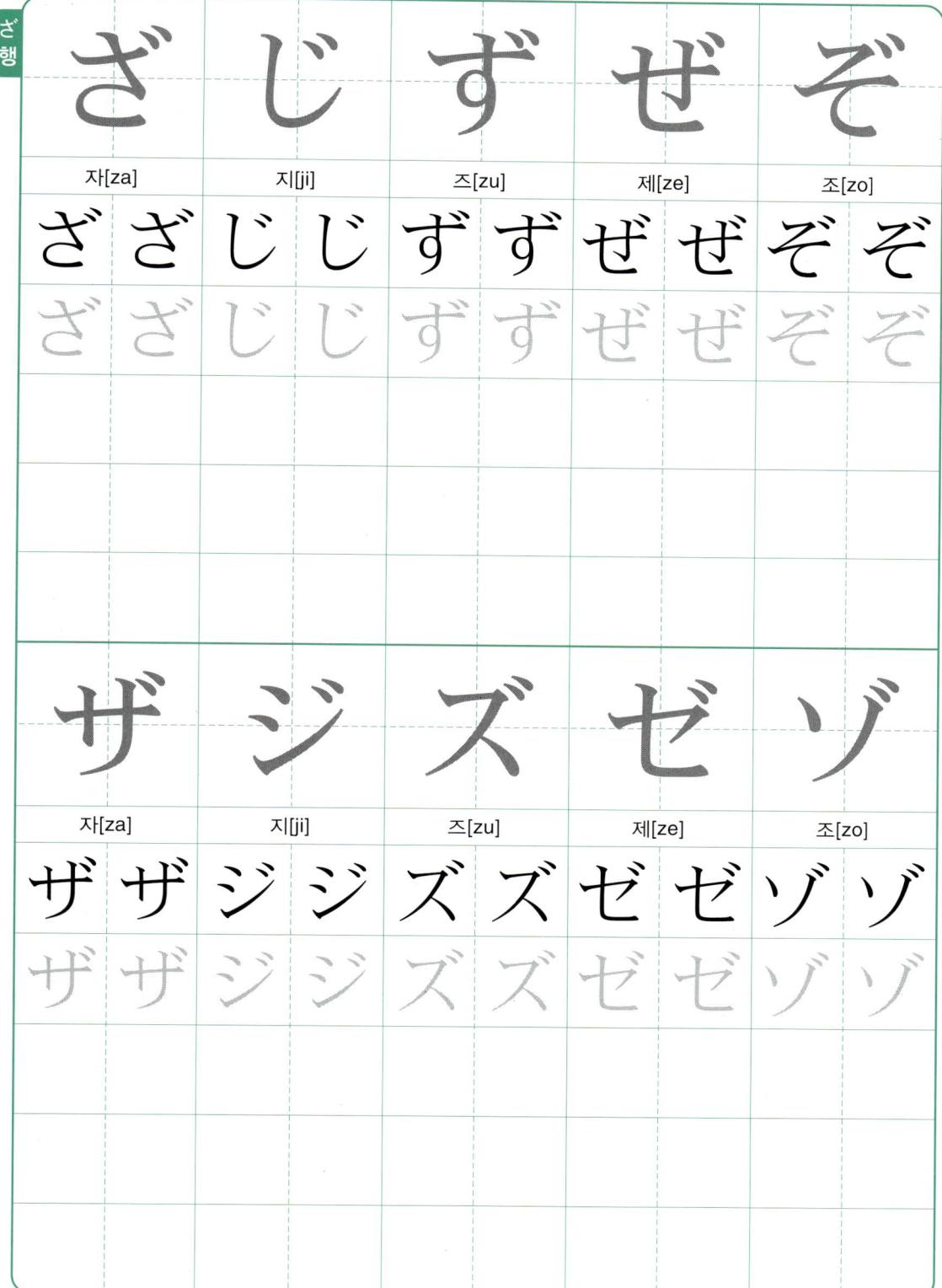

だ행

だ	ぢ	づ	で	ど
다[da]	지[ji]	즈[zu]	데[de]	도[do]

だだぢぢづづででどど

だだぢぢづづででどど

ダ	ヂ	ヅ	デ	ド
다[da]	지[ji]	즈[zu]	데[de]	도[do]

ダダヂヂヅヅデデドド

ダダヂヂヅヅデデドド

ば행

ば	び	ぶ	べ	ぼ
바[ba]	비[bi]	부[bu]	베[be]	보[bo]

ばば びび ぶぶ べべ ぼぼ

バ	ビ	ブ	ベ	ボ
바[ba]	비[bi]	부[bu]	베[be]	보[bo]

ババ ビビ ブブ ベベ ボボ

반탁음 쓰기

ぱ행

ぱ	ぴ	ぷ	ぺ	ぽ
파[pa]	피[pi]	푸[pu]	페[pe]	포[po]

ぱ ぱ ぴ ぴ ぷ ぷ ぺ ぺ ぽ ぽ

ぱ ぱ ぴ ぴ ぷ ぷ ぺ ぺ ぽ ぽ

パ	ピ	プ	ペ	ポ
파[pa]	피[pi]	푸[pu]	페[pe]	포[po]

パ パ ピ ピ プ プ ペ ペ ポ ポ

パ パ ピ ピ プ プ ペ ペ ポ ポ

が행/ざ행 연습

がぎぐげござじずぜぞ
がぎぐげござじずぜぞ

ガギグゲゴザジズゼゾ
ガギグゲゴザジズゼゾ

だ행/ば행 연습

だぢづでどばびぶべぼ
だぢづでどばびぶべぼ

ダヂヅデドバビブベボ
ダヂヅデドバビブベボ

ぱ행 연습

ぱ	ぴ	ぷ	ぺ	ぽ				
ぱ	ぴ	ぷ	ぺ	ぽ				

パ	ピ	プ	ペ	ポ				
パ	ピ	プ	ペ	ポ				

요음 쓰기

きゃ	きゅ	きょ	ぎゃ	ぎゅ	ぎょ
갸[kya]	규[kyu]	교[kyo]	갸[gya]	규[gyu]	교[gyo]
きゃ	きゅ	きょ	ぎゃ	ぎゅ	ぎょ

キャ	キュ	キョ	ギャ	ギュ	ギョ
갸[kya]	규[kyu]	교[kyo]	갸[gya]	규[gyu]	교[gyo]
キャ	キュ	キョ	ギャ	ギュ	ギョ

しゃ	しゅ	しょ	じゃ	じゅ	じょ
샤[sha]	슈[shu]	쇼[sho]	쟈[zya]	쥬[zyu]	죠[zyo]
しゃ	しゅ	しょ	じゃ	じゅ	じょ

シャ	シュ	ショ	ジャ	ジュ	ジョ
샤[sha]	슈[shu]	쇼[sho]	쟈[zya]	쥬[zyu]	죠[zyo]
シャ	シュ	ショ	ジャ	ジュ	ジョ

ちゃ	ちゅ	ちょ	にゃ	にゅ	にょ
쨔[cha]	쮸[chu]	쪼[cho]	냐[nya]	뉴[nyu]	뇨[nyo]
ちゃ	ちゅ	ちょ	にゃ	にゅ	にょ

チャ	チュ	チョ	ニャ	ニュ	ニョ
쨔[cha]	쮸[chu]	쪼[cho]	냐[nya]	뉴[nyu]	뇨[nyo]
チャ	チュ	チョ	ニャ	ニュ	ニョ

ひゃ	ひゅ	ひょ	びゃ	びゅ	びょ
햐[hya]	휴[hyu]	효[hyo]	뱌[bya]	뷰[byu]	뵤[byo]
ひゃ	ひゅ	ひょ	びゃ	びゅ	びょ

ヒャ	ヒュ	ヒョ	ビャ	ビュ	ビョ
햐[hya]	휴[hyu]	효[hyo]	뱌[bya]	뷰[byu]	뵤[byo]
ヒャ	ヒュ	ヒョ	ビャ	ビュ	ビョ

みゃ	みゅ	みょ	りゃ	りゅ	りょ
먀[mya]	뮤[myu]	묘[myo]	랴[rya]	류[ryu]	료[ryo]
みゃ	みゅ	みょ	りゃ	りゅ	りょ

ミャ	ミュ	ミョ	リャ	リュ	リョ
먀[mya]	뮤[myu]	묘[myo]	랴[rya]	류[ryu]	료[ryo]
ミャ	ミュ	ミョ	リャ	リュ	リョ

ぴゃ	ぴゅ	ぴょ			
퍄[pya]	퓨[pyu]	표[pyo]			
ぴゃ	ぴゅ	ぴょ			

ピャ	ピュ	ピョ			
퍄[pya]	퓨[pyu]	표[pyo]			
ピャ	ピュ	ピョ			

279

혼자배우는 일본어 플러스

저자 정재헌
발행인 박해성
발행처 정진출판사

초판 1쇄 발행   1991년 9월 10일
초판 68쇄 발행   2007년 9월 10일
개정판 1쇄 발행 2008년 6월 10일
개정판 23쇄 발행 2024년 1월 10일

주소   서울시 성북구 하월곡동 10-6호
전화   (02) 917-9900(代)
Fax   (02) 917-9907
E-mail JJ1461@chollian.net
Homepage www.jeongjinpub.co.kr
등록일 1989. 12. 20.
등록번호 6-95
ISBN 978-89-5700-082-3 *13730

Copyrights ⓒ2008, 正進出版社
- 출판사의 허락 없이 이 책의 일부 또는 전부를 무단으로 표절하거나 전재함을 엄금합니다.
- 이 교재의 해설 MP3(오디오 CD 4개 분량)는 홈페이지에서 무료 다운로드 하실 수 있습니다.
- 잘못 만들어진 책은 구입하신 서점에서 교환해 드립니다.
- 정가는 책 표지에 표시되어 있습니다.